PAPST FRANZISKUS

Ich trage jeden von euch im Herzen

Ermutigungen für junge Menschen

benno

INHALT

1. Komm, Heiliger Geist! 5

2. Starke Bibel-Worte 17

3. Vor allem: Jesus 33

4. Die Welt verändern 61

5. Verliert die Hoffnung nicht! 85

6. Den Glauben weitergeben 97

@pontifex

Liebe junge Freunde, gebt euch nicht mit einem mittelmäßigen Leben zufrieden. Lasst euch begeistern vom Wahren und Schönen — von Gott!

Auf seinem Twitter-Account @Pontifex sind regelmäßig kurze Botschaften von Papst Franziskus zu lesen. Seine Tweets werden in neun unterschiedlichen Sprachen angeboten. Die deutsche Version findest du unter https://twitter.com/Pontifex_de
Einige seiner Twitter-Nachrichten findest du auch in diesem Buch.

1. KOMM, HEILIGER GEIST!

REISSEN WIR DIE TÜR AUF!

Reißen wir die Tür unseres Lebens auf für die Neuheit Gottes, die der Heilige Geist uns schenkt, damit sie uns verwandelt, uns in den Drangsalen stärkt und unsere Verbindung mit dem Herrn, unser unerschütterliches Ausharren in ihm festige: Das ist eine wahre Freude!

GEGEN DEN STROM

Bleibt unerschütterlich auf dem Weg des Glaubens mit der festen Hoffnung auf den Herrn. Darin liegt das Geheimnis unseres Weges! Er gibt uns den Mut, gegen den Strom zu schwimmen. Hört gut zu, ihr Jugendlichen: gegen den Strom schwimmen! Das ist gut für's Herz, aber es braucht Mut, um gegen den Strom zu schwimmen, und er gibt uns diesen Mut! Es gibt keine Schwierigkeiten, Drangsale, Verständnislosigkeiten, die uns Angst machen müssen, wenn wir mit Gott verbunden bleiben wie die Rebzweige mit dem Weinstock, wenn wir die Freundschaft mit ihm nicht verlieren, wenn wir ihm immer mehr Raum geben in unserem Leben. Das gilt auch und vor allem, wenn wir uns arm, schwach und als Sünder fühlen, denn Gott schenkt unserer Schwachheit Kraft, unserer Armut Reichtum, unserer Sünde Bekehrung und Vergebung. Er ist so barmherzig, der Herr: Immer verzeiht er uns, wenn wir zu ihm gehen. Haben wir Vertrauen in das Handeln Gottes! Mit ihm können wir große Dinge tun; er wird uns die Freude spüren lassen, seine Jünger, seine Zeugen zu sein. Setzt auf die großen Ideale, auf die großen Dinge! Wir Christen sind vom Herrn nicht für Kleinigkeiten auserwählt, geht immer darüber hinaus, zu den großen Dingen! Setzt das Leben für große Ideale ein, junge Freunde!

DER HEILIGE GEIST VERÄNDERT UNS

Das ist das Wirken des Heiligen Geistes: Er bringt uns die Neuheit Gottes; er kommt zu uns und macht alles neu, er verändert uns, der Geist verändert uns! Und die Vision des heiligen Johannes erinnert uns daran, dass wir alle unterwegs sind zum Jerusalem des Himmels, zur endgültigen Neuheit für uns und für die ganze Wirklichkeit, zu dem glücklichen Tag, an dem wir das Angesicht des Herrn – dieses wunderbare, so schöne Angesicht Jesu, des Herrn – sehen und für immer bei ihm, in seiner Liebe sein können.

@pontifex
Der Heilige Geist verwandelt und erneuert, er schafft Harmonie und Einheit, er schenkt Mut und die Freude, die Botschaft weiterzugeben.

DIE WELT VERWANDELN

Seht, die Neuheit Gottes ähnelt nicht den weltlichen Neuheiten, die allesamt provisorisch sind, die vergehen und deren man immer weitere sucht. Die Neuheit, die Gott unserem Leben schenkt, ist endgültig, und nicht erst in der Zukunft, wenn wir bei ihm sein werden, sondern auch heute: Gott macht alles neu, der Heilige Geist verwandelt uns wirklich und will – auch durch uns – die Welt verwandeln, in der wir leben. Öffnen wir dem Geist die Tür, lassen wir uns von ihm führen, erlauben wir, dass das fortdauernde Handeln Gottes uns zu neuen Menschen macht, beseelt von der Liebe Gottes, die der Heilige Geist uns schenkt! Wie schön, wenn jeder von euch am Abend sagen könnte: Heute habe ich in der Schule, zu Hause, bei der Arbeit, geführt von Gott, eine Geste der Liebe gegenüber meinem Kameraden, meinen Eltern, einem alten Menschen vollbracht! Wie schön!

OFFEN FÜR DIE »ÜBERRASCHUNGEN GOTTES«

Es ist nicht die Neuheit um der Neuheit willen, die Suche nach dem Neuen, um die Langeweile zu überwinden, wie es in unserer Zeit häufig geschieht. Die Neuheit, die Gott in unser Leben bringt, ist das, was uns tatsächlich verwirklicht, das, was uns die wahre Freude schenkt, die wahre Gelassenheit, denn Gott liebt uns und will nur unser Bestes. Fragen wir uns heute: Sind wir offen für die »Überraschungen Gottes«? Oder verschließen wir uns ängstlich vor der Neuheit des Heiligen Geistes? Sind wir mutig, die neuen Wege zu beschreiten, die die Neuheit Gottes uns anbietet, oder verteidigen wir uns, eingeschlossen in vergängliche Strukturen, die ihre Aufnahmefähigkeit verloren haben? Es wird uns gut tun, diese Fragen im Tagesverlauf immer vor Augen zu haben.

ALLES BEIM ALTEN?

Ich möchte über drei Worte nachdenken, die mit dem Wirken des Heiligen Geistes verbunden sind: Neuheit, Harmonie, Mission. Das Neue macht uns immer ein wenig Angst, denn wir fühlen uns sicherer, wenn wir alles unter Kontrolle haben, wenn wir es sind, die unser Leben nach unseren Mustern, unseren Sicherheiten, nach unserem Geschmack aufbauen, programmieren und planen. Und das geschieht auch gegenüber Gott. Oft folgen wir ihm, nehmen ihn an, aber nur bis zu einem gewissen Punkt. Es fällt uns schwer, uns in vollem Vertrauen ihm hinzugeben und zuzulassen, dass der Heilige Geist die Seele unseres Lebens ist und die Führung über all unsere Entscheidungen übernimmt. Wir haben Angst, Gott könne uns neue Wege gehen lassen, uns herausführen aus unserem oft begrenzten, geschlossenen, egoistischen Horizont, um uns für seine Horizonte zu öffnen. Doch in der gesamten Heilsgeschichte ist es so: Wenn Gott sich offenbart, bringt er Neues – Gott bringt immer Neues –, verwandelt und verlangt, dass man ihm völlig vertraut: Noah baut eine von allen belächelte Arche und wird gerettet; Abraham verlässt sein Land, und hat nichts in der Hand als eine Verheißung; Mose nimmt es mit der Macht des Pharao auf und führt das Volk in die Freiheit; die Apostel, die furchtsam im Abendmahlssaal eingeschlossen waren, gehen mutig hinaus, um das Evangelium zu verkünden.

DER GEIST DER EINHEIT

Dem Anschein nach schafft der Heilige Geist Unordnung in der Kirche, weil er die Unterschiedlichkeit der Charismen, der Gaben bringt, doch unter seinem Wirken ist all das ein großer Reichtum, denn der Heilige Geist ist der Geist der Einheit, was nicht Einförmigkeit bedeutet, sondern eine Rückführung von allem in die Harmonie. Die Harmonie bewirkt in der Kirche der Heilige Geist.

Einer der Kirchenväter verwendet einen Ausdruck, der mir sehr gefällt: Der Heilige Geist »ipse harmonia est« – ist selbst die Harmonie. Nur er kann die Unterschiedlichkeit, die Pluralität, die Vielfalt erwecken und zugleich die Einheit bewirken. Auch hier gilt: Wenn wir selbst die Verschiedenheit schaffen wollen und uns in unseren Parteilichkeiten, in unseren Ausschließlichkeiten verschließen, führen wir in die Spaltung; und wenn wir selbst nach unseren menschlichen Plänen die Einheit herstellen wollen, schaffen wir letztlich die Einförmigkeit, die Schematisierung. Wenn wir uns hingegen vom Geist leiten lassen, führen Reichtum, Vielfältigkeit, Unterschiedlichkeit nie zum Konflikt, denn er bringt uns dazu, die Vielfältigkeit im Miteinander der Kirche zu leben.

GEMEINSAM UNTERWEGS

Das gemeinsame Unterwegssein in der Kirche unter der Führung der Hirten, die ein spezielles Charisma und Amt haben, ist ein Zeichen für das Wirken des Heiligen Geistes; die Kirchlichkeit ist ein grundsätzliches Merkmal für jeden Christen, für jede Gemeinschaft, für jede Bewegung. Die Kirche ist es, die mir Christus bringt und mich zu Christus führt; Parallelwege sind so gefährlich! Wenn man sich darauf einlässt, sich jenseits (proagon) der Lehre und der kirchlichen Gemeinschaft zu bewegen – wie der Apostel Johannes in seinem Zweiten Brief schreibt –, und nicht darin bleibt, ist man nicht mit dem Gott Jesu Christi verbunden (vgl. 2 Joh v. 9). Fragen wir uns also: Bin ich offen für die Harmonie des Heiligen Geistes, indem ich jegliche Ausschließlichkeit überwinde? Lasse ich mich von ihm leiten, indem ich in und mit der Kirche lebe?

Jeder, der darüber hinausgeht und nicht in der Lehre Christi bleibt, hat Gott nicht. Wer aber in der Lehre bleibt, hat den Vater und den Sohn.

2 Joh 9

DER WIND, DER IN DAS SEGEL BLÄST

Die Theologen der frühen Kirche sagten: Die Seele ist eine Art Segelboot; der Heilige Geist ist der Wind, der in das Segel bläst, um das Boot voranzutreiben; die Triebkraft und der Schub des Windes sind die Gaben des Geistes. Ohne seinen Antrieb, ohne seine Gnade kommen wir nicht voran. Der Heilige Geist lässt uns in das Geheimnis des lebendigen Gottes eintreten und bewahrt uns vor der Gefahr einer gnostischen und einer selbstbezogenen, in ihr Gehege eingeschlossenen Kirche; er drängt uns, die Türen zu öffnen, um hinauszugehen, um das gute Leben des Evangeliums zu verkünden und zu bezeugen, um die Freude des Glaubens, der Begegnung mit Christus zu übertragen.

Der Heilige Geist ist die Seele der Mission. Was in Jerusalem vor fast zweitausend Jahren geschah, ist kein weit von uns entferntes Ereignis, es ist etwas, das uns einholt, das in jedem von uns zur lebendigen Erfahrung wird. Das Pfingstereignis im Abendmahlssaal von Jerusalem ist der Anfang, ein Anfang, der sich über die Zeit hinzieht. Der Heilige Geist ist die Gabe schlechthin, die der auferstandene Christus seinen Aposteln schenkt, aber er möchte, dass sie sie alle erreicht.

BIS ZUM HORIZONT

Jesus sagt: »Ich werde den Vater bitten, und er wird euch einen anderen Beistand geben, der für immer bei euch bleiben soll« (Joh 14,16). Es ist der Paraklet, der »Tröster«, der den Mut schenkt, die Straßen der Welt zu durchwandern und das Evangelium zu überbringen! Der Heilige Geist lässt uns den Horizont erblicken und drängt uns bis an die Peripherien des Seins, um das Leben Jesu Christi zu verkünden. Fragen wir uns, ob wir dazu neigen, uns in uns selbst, in unserer Gruppe zu verschließen, oder ob wir zulassen, dass der Heilige Geist uns für die Mission öffnet.

Die Fantasie – ich gebrauche dieses Wort ganz bewusst – die Fantasie des Heiligen Geistes kennt keine Grenzen, aber sie ist auch überaus konkret!

Franciscus

Durch viele Drangsale müssen wir in das Reich Gottes gelangen.

Apg 14,22

WIR HABEN DIE KRAFT
DES HEILIGEN GEISTES

Der Weg der Kirche, auch unser persönlicher christlicher Weg, ist nicht immer leicht, stößt auf Schwierigkeiten, auf Drangsale. Dem Herrn zu folgen, zuzulassen, dass sein Geist unsere Schattenseiten, unser nicht Gott gemäßes Verhalten verwandelt und unsere Sünden reinwäscht, ist ein Weg, der auf viele Hindernisse stößt, außerhalb von uns in der Welt und auch in uns, im Herzen. Aber die Schwierigkeiten, die Drangsale gehören zu dem Weg, um zur Herrlichkeit Gottes zu gelangen, wie für Jesus, der am Kreuz verherrlicht wurde; wir werden ihnen immer im Leben begegnen! Nicht den Mut verlieren: Wir haben die Kraft des Heiligen Geistes, um diese Drangsale zu überwinden!

2. STARKE BIBEL-WORTE

Matthäus 25:
- Das Gleichnis von den zehn Jungfrauen
- Das Gleichnis vom anvertrauten Geld
- Vom Weltgericht

BIBEL-AKTIONSPLAN

Schau, lies die Seligpreisungen, die werden dir gut tun. Wenn du dann wissen willst, was du konkret tun musst, lies Matthäus, Kapitel 25. Das ist das Muster, nach dem wir gerichtet werden. Mit diesen beiden Dingen habt ihr den Aktionsplan: die Seligpreisungen und Matthäus 25. Ihr braucht nichts anderes mehr zu lesen. Darum bitte ich euch von ganzem Herzen.

DIE SELIGPREISUNGEN

Selig, die arm sind vor Gott; denn ihnen gehört das Himmelreich.
Selig die Trauernden; denn sie werden getröstet werden.
Selig, die keine Gewalt anwenden; denn sie werden das Land erben.
Selig, die hungern und dürsten nach der Gerechtigkeit; denn sie werden satt werden.
Selig die Barmherzigen; denn sie werden Erbarmen finden.
Selig, die ein reines Herz haben; denn sie werden Gott schauen.
Selig, die Frieden stiften; denn sie werden Söhne Gottes genannt werden.
Selig, die um der Gerechtigkeit willen verfolgt werden; denn ihnen gehört das Himmelreich.

Mt 5,3–10

EIN MODELL VON GLÜCK

Es tut uns immer sehr gut, die Seligpreisungen zu lesen und zu meditieren! ... Indem er die Seligpreisungen verkündet, lädt Jesus uns ein, ihm zu folgen, mit ihm den Weg der Liebe zu gehen, den einzigen, der zum ewigen Leben führt. ... Die Seligpreisungen Jesu sind Träger einer umwälzenden Neuheit, eines Modells von Glück, das im Gegensatz zu dem steht, das gewöhnlich von den Medien, vom herrschenden Denken vermittelt wird.

EIN HAUS FÜR ALLE

Der Gott, dem wir in der Kirche begegnen, ist kein unbarmherziger Richter, sondern er ist wie der Vater aus dem Gleichnis im Evangelium. Du kannst sein wie der Sohn, der das Haus verlassen hat, der den tiefsten Grund der Gottesferne berührt hat. Wenn du die Kraft hast zu sagen: Ich will nach Hause zurückkehren, wirst du die Tür offen finden. Gott kommt dir entgegen, weil er immer auf dich wartet, Gott wartet immer auf dich, Gott umarmt dich, küsst dich und feiert ein Fest. So ist der Herr, so ist die Zärtlichkeit unseres himmlischen Vaters.

Der Herr will, dass wir Teil einer Kirche sind, die es versteht, die Arme zu öffnen, um alle anzunehmen, die nicht das Haus einiger weniger ist, sondern das Haus aller, wo alle von seiner Liebe erneuert, verwandelt, geheiligt werden können, die Stärksten und die Schwächsten, die Sünder, die Gleichgültigen, jene, die sich entmutigt und verloren fühlen.

Die Kirche bietet allen die Möglichkeit, den Weg der Heiligkeit zu gehen, der der Weg des Christen ist: Sie lässt uns Jesus Christus in den Sakramenten begegnen, besonders in der Beichte und in der Eucharistie; sie gibt uns das Wort Gottes weiter, sie lässt uns in der Nächstenliebe leben, in der Liebe Gottes zu allen. Fragen wir uns also: Lassen wir uns heiligen? Sind wir eine Kirche, die die Sünder ruft und sie mit offenen Armen aufnimmt, die Mut, Hoffnung schenkt – oder sind wir eine Kirche, die in sich selbst verschlossen ist? Sind wir eine Kirche, in der man die Liebe Gottes lebt, in der man dem anderen Aufmerksamkeit entgegenbringt, in der man füreinander betet?

DAS GLEICHNIS VOM BARMHERZIGEN VATER

Der Vater sah den Sohn schon von Weitem kommen und er hatte Mitleid mit ihm. Er lief dem Sohn entgegen, fiel ihm um den Hals und küsste ihn. Der Vater ... sagte zu seinen Knechten: Holt schnell das beste Gewand und zieht es ihm an ...; wir wollen essen und fröhlich sein. Denn mein Sohn war tot und lebt wieder; er war verloren und ist wiedergefunden worden. Und sie begannen, ein fröhliches Fest zu feiern.

Lk 15,20b.22–24

BARMHERZIGKEIT

IST DIE WAHRE KRAFT

Das 15. Kapitel des Lukasevangeliums enthält die drei Gleichnisse der Barmherzigkeit: das Gleichnis vom verlorenen Schaf, jenes vom verlorenen Geldstück und dann das längste aller Gleichnisse, das charakteristisch für Lukas ist, das Gleichnis vom Vater und den beiden Söhnen, dem »verlorenen« Sohn und dem Sohn, der sich für »gerecht« hält, der sich »heilig« wähnt. Alle drei Gleichnisse sprechen von der Freude Gottes. Gott freut sich. Interessant ist das: Gott freut sich!

Und worin besteht die Freude Gottes? Die Freude Gottes ist das Vergeben, die Freude Gottes besteht darin, zu vergeben! Es ist die Freude eines Hirten, der sein Schaf wiederfindet; die Freude einer Frau, die ihr Geldstück wiederfindet; es ist die Freude eines Vaters, der den Sohn im Haus aufnimmt, der verloren war, der wie gestorben war und zum Leben zurückgekehrt ist, der nach Hause zurückgekehrt ist. Hier ist das ganze Evangelium! Hier ist das ganze Christentum! Aber aufgepasst, das ist kein Gefühl, das ist kein »Gutmenschentum«!

Im Gegenteil, die Barmherzigkeit ist die wahre Kraft, die den Menschen und die Welt vor dem »Krebsgeschwür« retten kann, das die Sünde ist, das moralische Übel, das geistliche Übel. Allein die Liebe erfüllt die Leere, die negativen Abgründe, die das Böse im Herzen und in der Geschichte aufreißt. Allein die Liebe vermag dies, und das ist die Freude Gottes!

@pontifex
Der Herr spricht zu uns in der Schrift und im Gebet. Lernen wir, in der Stille bei ihm zu verweilen und das Evangelium zu betrachten.

SEIN HERZ FEIERT EIN *FEST*

Jesus ist ganz Barmherzigkeit, Jesus ist ganz Liebe: er ist der menschgewordene Gott. Jeder von uns, jeder von uns ist jenes verlorene Schaf, jenes verlorene Geldstück; jeder von uns ist jener Sohn, der seine Freiheit vergeudet hat, falschen Götzen, Blendwerken des Glücks, gefolgt ist und alles verloren hat.

Doch Gott vergisst uns nicht, der Vater verlässt uns nie. Er ist ein geduldiger Vater, er erwartet uns immer! Er respektiert unsere Freiheit, doch er bleibt immer treu. Und wenn wir zu ihm zurückkehren, nimmt er uns in seinem Haus wie Kinder auf, da er niemals aufhört, auch nicht einen Augenblick, uns voll Liebe zu erwarten. Und sein Herz feiert ein Fest für jedes Kind, das zurückkehrt. Es feiert ein Fest, weil es eine Freude ist. Gott hat diese Freude, wenn einer von uns Sündern zu ihm geht und um seine Vergebung bittet.

DIE LIEBE RETTET

Die Gefahr besteht darin, dass wir uns für gerecht halten und über die anderen urteilen. Wir urteilen auch über Gott, weil wir denken, dass er die Sünder züchtigen, zum Tod verurteilen sollte, statt ihnen zu vergeben. Ja, dann laufen wir Gefahr, draußen vor dem Haus des Vaters zu bleiben! Wie jener ältere Bruder des Gleichnisses, der – statt zufrieden zu sein, weil der Bruder zurückgekehrt ist – zornig auf den Vater ist, der ihn aufgenommen hat und ein Fest feiert.

Wenn in unserem Herzen keine Barmherzigkeit ist, keine Freude der Vergebung, sind wir nicht in Gemeinschaft mit Gott, selbst wenn wir alle Gebote befolgen, denn es ist die Liebe, die rettet, nicht allein die Befolgung der Gebote. Es ist die Liebe zu Gott und zum Nächsten, die alle Gebote erfüllt. Und das ist die Liebe Gottes, seine Freude: vergeben. Er erwartet uns immer! Vielleicht trägt da jemand in seinem Herzen etwas Schweres: »Aber ich habe das getan, ich habe jenes getan ...« Er erwartet dich! Er ist Vater: immer erwartet er uns!

> Die Beziehung zu Gott betrifft nicht nur einen Teil von uns, sie betrifft alles. Und diese Liebe ist so groß, so schön und so wahr, dass sie alles verdient, unser ganzes Vertrauen.
>
> *Franciscus*

GERECHT UND BARMHERZIG

Wenn wir nach dem Gesetz »Auge um Auge, Zahn um Zahn« leben, dann kommen wir nie aus der Spirale des Bösen heraus. Der Teufel ist schlau und macht uns vor, dass wir mit unserer menschlichen Gerechtigkeit uns und die Welt retten können.

In Wirklichkeit kann uns allein die Gerechtigkeit Gottes retten! Und die Gerechtigkeit Gottes hat sich am Kreuz offenbart: Das Kreuz ist das Urteil Gottes über uns alle und über diese Welt. Wie aber urteilt Gott über uns? Indem er sein Leben für uns hingibt! Ja, das ist der höchste Akt der Gerechtigkeit, der ein für alle Mal den Fürsten dieser Welt besiegt hat; und dieser höchste Akt der Gerechtigkeit ist gerade auch der höchste Akt der Barmherzigkeit. Jesus ruft uns alle, diesem Weg zu folgen: »Seid barmherzig, wie es auch euer Vater ist!« (Lk 6,36).

@pontifex
Es reicht nicht, sich bloß Christ zu nennen. Der Glaube muss gelebt werden, nicht nur mit Worten, sondern auch mit Taten.

FRANZISKUS UND

DER BARMHERZIGE SAMARITER

Das Gleichnis vom barmherzigen Samariter erzählt von einem Mann, der von Räubern überfallen und dann halbtot am Straßenrand liegen gelassen wurde. Leute kommen vorbei, sehen ihn und halten sich nicht auf, sondern setzen gleichgültig ihren Weg fort: Es geht sie nichts an! Wie oft sagen wir: Das ist nicht mein Problem! Wie oft drehen wir uns zur anderen Seite und tun so, als ob wir nichts sähen! Nur ein Samariter, ein Unbekannter, sieht, hält an, hebt ihn auf, reicht ihm die Hand und pflegt ihn (Lk 10,29-35). ...

Die Bekehrung des heiligen Franziskus ist wohlbekannt: Der junge Franziskus verlässt Reichtümer und Annehmlichkeiten, um ein Armer unter den Armen zu werden; er begreift, dass nicht die Dinge, der Besitz, die Götzen der Welt der wahre Reichtum sind und die wirkliche Freude schenken, sondern die Nachfolge Christi und der Dienst an den anderen. Doch weniger bekannt ist vielleicht der Moment, in dem all das in seinem Leben konkret wurde: Das geschah, als er einen Leprakranken umarmte. Dieser leidende Bruder wurde zum »Mittler des Lichts ... für den heiligen Franz von Assisi«, denn in jedem Bruder und jeder Schwester in Not umarmen wir den leidenden Leib Christi.

NOTLEIDENDE UMARMEN

Umarmen, umarmen. Wir alle müssen lernen, die Notleidenden zu umarmen, wie es der heilige Franziskus getan hat. ... Wir alle müssen den anderen mit den liebevollen Augen Christi sehen und lernen, Notleidende zu umarmen, um Nähe, Zuneigung und Liebe zum Ausdruck zu bringen.

Doch umarmen genügt nicht. Reichen wir dem, der in Not ist, ... die Hand und sagen zu ihm: Du kannst wieder aufstehen, kannst wieder hochkommen – es ist mühsam, aber möglich, wenn du es nur willst.

LIEBT EINANDER!

Das ist die Frohe Botschaft, die von jedem einen Schritt mehr verlangt, eine ständige Übung der Empathie, des Hörens auf das Leiden und die Hoffnung des anderen – auch dessen, der mir am fernsten steht –, indem man sich auf den anspruchsvollen Weg jener Liebe begibt, die sich ungeschuldet zu schenken und zu verausgaben weiß für das Wohl jedes Bruders und jeder Schwester.

Die Brüderlichkeit muss entdeckt, geliebt, erfahren, verkündet und bezeugt werden. Doch allein die von Gott geschenkte Liebe ermöglicht uns, die Brüderlichkeit ganz und gar anzunehmen und zu leben.

Ein neues Gebot gebe ich euch: Liebt einander! Wie ich euch geliebt habe, so sollt auch ihr einander lieben. Daran werden alle erkennen, dass ihr meine Jünger seid: wenn ihr einander liebt.

Joh 13,34–35

MITEINANDER
VERBUNDEN

Wir Christen glauben, dass wir in der Kirche als Glieder miteinander verbunden sind und alle einander nötig haben, denn jeder von uns empfing die Gnade in dem Maß, wie Christus sie ihm geschenkt hat, damit sie anderen nützt (vgl. Eph 4,7.25; 1 Kor 12,7).
Christus ist in die Welt gekommen, um uns die göttliche Gnade zu bringen, das heißt die Möglichkeit, an seinem Leben teilzuhaben. Das verlangt, ein Netz brüderlicher Bezüglichkeit zu knüpfen, das von Wechselseitigkeit, Vergebung und völliger Selbsthingabe geprägt ist, entsprechend der Weite und Tiefe der Liebe Gottes, die der Menschheit durch den geschenkt ist, der – gekreuzigt und auferstanden – alle an sich zieht.

VERGRABT EURE TALENTE NICHT!

Habt ihr über die Talente nachgedacht, die Gott euch gegeben hat? Habt ihr darüber nachgedacht, wie ihr sie in den Dienst der anderen stellen könnt? Vergrabt die Talente nicht! Setzt auf die großen Ideale, auf jene Ideale, die das Herz weit werden lassen, die Ideale des Dienstes, die eure Talente fruchtbar machen werden. Das Leben ist uns nicht geschenkt worden, damit wir es eifersüchtig für uns selbst bewahren, sondern es ist uns geschenkt worden, damit wir es hingeben. Habt ein großes Herz! Habt keine Angst, von großen Dingen zu träumen!

JETZT IST DIE ZEIT DES HANDELNS

Das Gleichnis von den Talenten lässt uns nachdenken über die Beziehung zwischen unserem Einsatz der Gaben, die wir von Gott erhalten haben, und seiner Wiederkunft, bei der er uns fragen wird, wie wir sie gebraucht haben (vgl. Mt 25,14–30). ... Ein Christ, der sich in sich selbst verschließt, der all das versteckt, was der Herr ihm gegeben hat, ist kein Christ! Er ist ein Christ, der Gott nicht für all das dankt, was er ihm geschenkt hat!

Das sagt uns, dass das Warten auf die Wiederkunft des Herrn die Zeit des Handelns ist – wir sind in der Zeit des Handelns –, die Zeit, in der wir die Gaben Gottes Frucht bringen lassen sollen, nicht für uns selbst, sondern für ihn, für die Kirche, für die Mitmenschen, die Zeit, in der wir stets danach streben müssen, das Gute in der Welt wachsen zu lassen. Und insbesondere in dieser Zeit der Krise heute ist es wichtig, sich nicht in sich selbst zu verschließen und das eigene Talent, den eigenen geistlichen, intellektuellen, materiellen Reichtum – all das, was Gott uns geschenkt hat – zu vergraben, sondern sich zu öffnen, solidarisch zu sein, auf den Mitmenschen zu achten. ...

31

DER HERR SEGNE DICH

»Der Herr segne dich und behüte dich. Der Herr lasse sein Angesicht über dich leuchten und sei dir gnädig. Der Herr wende sein Angesicht dir zu und schenke dir Heil.«
Aaronitischer Segen (Num 6,24-25)

Es ist ganz besonders bedeutsam, diese Segensworte ... zu hören: Sie werden unseren Weg durch die Zeit, die sich vor uns auftut, begleiten. Es sind Worte der Kraft, des Mutes und der Hoffnung – nicht einer illusorischen Hoffnung, die sich auf zerbrechliche menschliche Versprechen gründet, und auch nicht einer einfältigen Hoffnung, die sich die Zukunft besser vorstellt, einfach weil sie Zukunft ist. Diese Hoffnung hat ihren Grund genau im Segen Gottes, einem Segen, der den bedeutendsten Wunsch enthält, den Wunsch der Kirche für jeden von uns, die Fülle des liebevollen Schutzes des Herrn und seiner vorsehenden Hilfe.

3. VOR ALLEM: JESUS

JESUS BEGEGNEN

Das Wichtigste, was einem Menschen geschehen kann, ist, Jesus zu begegnen: diese Begegnung mit Jesus, der uns liebt, der uns gerettet hat, der sein Leben für uns hingegeben hat. Jesus begegnen. Und wir sind auf dem Weg, um Jesus zu begegnen. Wir können uns die Frage stellen: Aber wann begegne ich Jesus? Erst am Ende? Nein, nein! Wir begegnen ihm jedem Tag. Aber wie das? Im Gebet, wenn du betest, begegnest du Jesus. Wenn du die Kommunion empfängst, begegnest du Jesus. In den Sakramenten:

Wenn du dein Kind taufen lässt, begegnest du Jesus, findest du Jesus.
Und ihr, die ihr die Firmung empfangt, auch ihr werdet Jesus begegnen; dann werdet ihr ihm in der Kommunion begegnen. ... Aber auch nach der Firmung ist das ganze Leben eine Begegnung mit Jesus: im Gebet, wenn wir in die Messe gehen, wenn wir ein gutes Werk tun, wenn wir Kranke besuchen, wenn wir einem Armen helfen, wenn wir an die anderen denken, wenn wir keine Egoisten sind, wenn wir liebenswürdig sind ... da-

bei begegnen wir immer Jesus. Und der Weg des Lebens ist genau dies: unterwegs sein, um Jesus zu begegnen. ...

»Aber Vater, du weißt«, so könnte jemand von euch zu mir sagen, »du weißt, dass dieser Weg für mich ein schlimmer Weg ist, weil ich ein so großer Sünder bin, ich habe so viele Sünden begangen ... wie kann ich Jesus begegnen?« Aber du weißt, dass die Menschen, die Jesus am meisten finden wollte, die größten Sünder waren.

Man hat ihn dafür getadelt und die Menschen – jene, die sich für gerecht hielten – sagten: aber dieser da, das ist kein wahrer Prophet, schau dir mal an, in was für einer schönen Gesellschaft er sich befindet! Er war mit den Sündern zusammen ... Und er sagte: Ich bin gekommen für die, die Gesundheit und Heilung brauchen, und Jesus heilt unsere Sünden. Und auch wenn wir auf dem Weg irren, wenn wir sündigen, kommt Jesus und vergibt uns. Und diese Vergebung, die wir in der Beichte empfangen, ist eine Begegnung mit Jesus.

Nicht die Gesunden brauchen den Arzt, sondern die Kranken. Darum lernt, was es heißt: Barmherzigkeit will ich, nicht Opfer. Denn ich bin gekommen, um die Sünder zu rufen, nicht die Gerechten.
Mt 9,12–13

@pontifex
Der Herr klopft an die Tür unseres Herzens. Haben wir vielleicht ein kleines Schild angebracht mit der Aufschrift: »Nicht stören«?

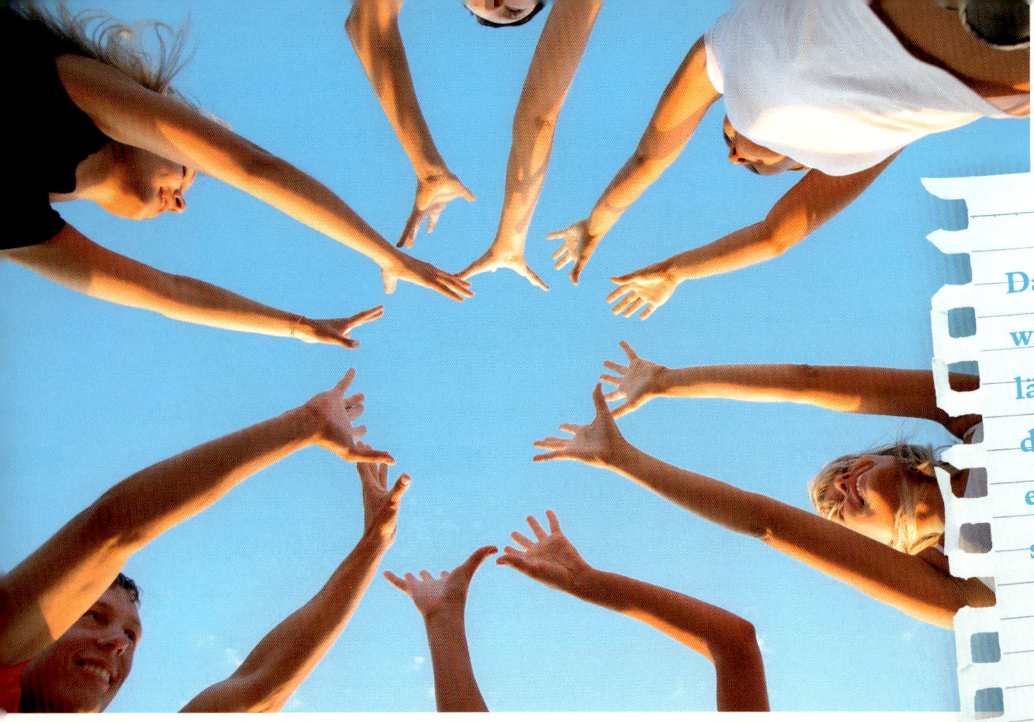

IN JESU MANNSCHAFT SPIELEN

Jesus bittet uns, ihm das ganze Leben hindurch zu folgen, er bittet uns, seine Jünger zu sein, »in seiner Mannschaft zu spielen«. Die meisten von euch lieben den Sport. Und in vielen Ländern ist Fußball eine nationale Leidenschaft. Stimmt's? Nun, was macht ein Spieler, wenn er in eine Mannschaft berufen wird? Er muss trainieren, viel trainieren. Genau so ist unser Leben als Jünger des Herrn. Der heilige Paulus sagt uns, als er die Christen beschreibt: »Jeder Wettkämpfer lebt aber völlig enthaltsam; jene tun dies, um einen vergänglichen, wir aber, um einen unvergänglichen Siegeskranz zu gewinnen« (1 Kor 9,25).

@pontifex
Wir alle sollen Freunde Jesu sein. Habt keine Angst, euch vom Herrn lieben zu lassen.

SEID WAHRE ATHLETEN CHRISTI

Jesus bietet uns etwas Größeres als den Weltcup! Jesus bietet uns die Möglichkeit eines fruchtbaren Lebens, eines glücklichen Lebens, und er bietet uns auch eine Zukunft mit ihm, die kein Ende haben wird, im ewigen Leben. Das ist es, was Jesus uns bietet.

Aber er verlangt von uns, dass wir den Eintritt bezahlen, und der Eintrittspreis ist, dass wir trainieren, um »in Form zu bleiben«, um allen Situationen des Leben ohne Angst zu begegnen und dabei unseren Glauben zu bezeugen. Durch den Dialog mit ihm: das Gebet. ... Das bedeutet trainieren. Fragt Jesus, sprecht mit Jesus. Und wenn ihr im Leben einen Fehler begeht, wenn euch ein Ausrutscher passiert, wenn ihr etwas tut, das schlecht ist, habt keine Angst: ... Aber sprecht immer mit Jesus, im Guten und im Bösen, wenn ihr etwas Gutes tut und wenn ihr etwas Schlechtes tut. ...

Und damit trainiert ihr im Gespräch mit Jesus, in diesem missionarischen Jüngersein! Durch die Sakramente, die in uns seine Gegenwart wachsen lassen. Durch die geschwisterliche Liebe, dadurch, dass wir den anderen zuhören können, die anderen verstehen, aufnehmen, ihnen vergeben, helfen – allen Menschen, ohne auszuschließen, ohne auszugrenzen. Liebe junge Freunde, seid wahre »Athleten Christi«.

GLAUBENSFREUDE

Seid niemals traurige Menschen: ein Christ darf das niemals sein! Lasst euch niemals von Mutlosigkeit überwältigen! Unsere Freude entspringt nicht aus dem Besitzen vieler Dinge, sondern daraus, einer Person begegnet zu sein: Jesus, der in unserer Mitte ist; sie entspringt aus dem Wissen, dass wir mit ihm niemals einsam sind, selbst in schwierigen Momenten nicht, auch dann nicht, wenn der Lebensweg auf Probleme und Hindernisse stößt, die unüberwindlich scheinen, und davon gibt es viele! Und in diesem Moment kommt der Feind, kommt der Teufel, oftmals als Engel verkleidet, und heimtückisch sagt er uns ein Wort. Hört nicht auf ihn!

FOLGEN WIR JESUS!

Folgen wir Jesus! Wir begleiten, wir folgen Jesus, aber vor allem wissen wir, dass er uns begleitet und uns auf seine Schultern lädt: darin liegt unsere Freude, die Hoffnung, die wir in unsere Welt tragen müssen. Und bitte lasst euch die Hoffnung nicht nehmen! Lasst nicht zu, dass die Hoffnung geraubt wird! Jene, die Jesus uns schenkt.

FESTSTIMMUNG

Jesus zieht in Jerusalem ein. Die Menge der Jünger begleitet ihn in Feststimmung, die Kleider sind vor ihm ausgebreitet, man spricht von den Wundertaten, die er vollbracht hat, ein Lobruf ertönt: »Gesegnet sei der König, der kommt im Namen des Herrn. Im Himmel Friede und Herrlichkeit in der Höhe!« (Lk 19,38).

LICHT UND LIEBE

Menschenmenge, Fest, Lobpreis, Frieden – ein Klima der Freude liegt in der Luft. Jesus hat in den Herzen viele Hoffnungen geweckt, vor allem bei den bescheidenen, einfachen, armen, vergessenen Menschen, bei denen, die in den Augen der Welt nicht zählen. Er war imstande, das menschliche Elend nachzuempfinden, hat das Gesicht der Barmherzigkeit Gottes gezeigt, hat sich niedergebeugt, um Leib und Seele zu heilen.

So ist Jesus! So ist sein Herz, das auf uns alle schaut, das auf unsere Krankheiten, auf unsere Sünden schaut. Groß ist die Liebe Jesu! Und so zieht er in Jerusalem ein: mit dieser Liebe. Und schaut uns alle an. Es ist eine schöne Szene: voller Licht – Licht der Liebe Jesu, Licht seines Herzens – Freude, Feststimmung.

@pontifex
Liebe junge Freunde, Jesus gibt uns das Leben, das wirkliche Leben. Bei ihm haben wir Freude im Herzen und ein Lächeln auf den Lippen.

KÖNIG OHNE MACHT

Wie zieht Jesus in Jerusalem ein? Die Menschenmenge bejubelt ihn als König. Und er widersetzt sich nicht, er bringt sie nicht zum Schweigen (vgl. Lk 19,39-40). Doch was für eine Art König ist Jesus? Schauen wir ihn an: Er reitet auf einem Fohlen, hat keinen Hof, der ihm folgt, ist nicht von einem Heer als Symbol der Macht umgeben. Die ihn empfangen, sind niedrige, einfache Leute, die das Gespür haben, in Jesus mehr zu sehen; die das Gespür des Glaubens haben, der sagt: Das ist der Retter!

Jesus zieht nicht in die Heilige Stadt ein, um die Ehren zu empfangen, die den irdischen Königen, den Machthabern, den Herrschern vorbehalten sind; er zieht ein, um gegeißelt, beschimpft und geschmäht zu werden, wie Jesaja in der ersten Lesung ankündigt (vgl. Jes 50,6); er zieht ein, um eine Dornenkrone, einen Stock und einen Purpurmantel zu erhalten, sein Königtum wird Gegenstand des Spottes sein; er zieht ein, um mit einem Balken beladen zum Kalvarienberg hinaufzugehen. ... Jesus zieht nach Jerusalem ein, um am Kreuz zu sterben. Und genau hier erstrahlt sein Königsein im Sinne Gottes: Sein Königsthron ist das Holz des Kreuzes!

MIT DER KRAFT DER LIEBE GOTTES

Ich denke an das, was Benedikt XVI. zu den Kardinälen sagte: Ihr seid Fürsten – aber die eines gekreuzigten Königs. Das ist der Thron Jesu. Jesus nimmt auf sich ... warum das Kreuz? Weil Jesus das Böse, den Schmutz, die Sünde der Welt – auch unsere Sünde, unser aller Sünde! – auf sich nimmt, und er wäscht es, wäscht es mit seinem Blut, mit der Barmherzigkeit, mit der Liebe Gottes.

Schauen wir uns um: Wie viele Wunden schlägt das Böse der Menschheit! Kriege, Gewalttaten, Wirtschaftskonflikte, die die Schwächeren treffen; Geldgier, Gewinnsucht, Machtstreben, Korruption, Spaltungen, Verbrechen gegen das menschliche Leben und gegen die Schöpfung! Und auch – jeder von uns weiß es und kennt sie – unsere persönlichen Sünden: der Mangel an Liebe und Achtung gegenüber Gott, gegenüber dem Nächsten und gegenüber der gesamten Schöpfung. Und am Kreuz spürt Jesus das ganze Gewicht des Bösen, und mit der Kraft der Liebe Gottes überwindet er es, besiegt es in seiner Auferstehung. Das ist das Gute, das Jesus uns allen erweist – auf dem Thron des Kreuzes. Das mit Liebe angenommene Kreuz Christi führt niemals in die Traurigkeit, sondern zur Freude, zur Freude, gerettet zu sein, und ein klein wenig das zu tun, was er an jenem Tag seines Todes getan hat.

Jesus ist Gott, doch er hat sich erniedrigt, unseren Weg mitzugehen. Er ist unser Freund, unser Bruder. Hier gibt er uns Licht auf unserem Weg.

Franciscus

MIT EINEM JUNGEN HERZEN

Der Palmsonntag ist der Tag der Jugend! ... Liebe junge Freunde,
ich habe euch in der Prozession gesehen, als ihr eingezogen seid; ich
stelle mir vor, wir ihr in Jesu Umgebung feiert, indem ihr die Olivenzweige schwenkt; ich
stelle mir vor, wie ihr seinen Namen ruft und eure Freude, bei ihm zu sein, zum Ausdruck
bringt! Ihr spielt eine wichtige Rolle beim Fest des Glaubens! Ihr bringt uns die Freude
des Glaubens und sagt uns, dass wir den Glauben mit einem jungen Herzen leben müssen, immer: mit jungem Herzen, auch mit siebzig, achtzig Jahren! Ein junges Herz! Mit
Christus wird das Herz niemals alt!

Zeichen des Glaubens

~~Die jungen Menschen müs-~~
sen der Welt sagen: Es ist
gut, Jesus zu folgen; es ist
gut, mit Jesus zu gehen; gut
ist die Botschaft Jesu; es ist
gut, aus sich herauszuge-
hen, bis an die Grenzen der
Erde und der eigenen Exis-
tenz, um Jesus zu bringen.

Franciscus

SICH SELBST VERSCHENKEN

Wir alle wissen – und ihr wisst es sehr wohl –, dass der König, dem wir folgen und der uns begleitet, ein ganz besonderer König ist: ein König, dessen Liebe bis zum Kreuz geht und der uns lehrt zu dienen, zu lieben. Und ihr schämt euch des Kreuzes nicht! Nein, ihr bekennt euch zu ihm, denn ihr habt begriffen, dass in der Selbsthingabe – im Verschenken des eigenen Selbst, im Herausgehen aus sich selbst – die wahre Freude liegt und dass er mit der Liebe Gottes das Böse überwunden hat. Ihr tragt das Pilgerkreuz durch alle Kontinente, auf den Straßen der Welt! Ihr tragt es, indem ihr der Einladung Jesu folgt: »Geht und macht alle Völker zu meinen Jüngern« (Mt 28,19). Ihr tragt es, um allen zu sagen, dass Jesus am Kreuz die Mauer der Feindschaft, die Menschen und Völker voneinander trennt, niedergerissen und Versöhnung und Frieden gestiftet hat.

IN JESUS VERWURZELT

Die Kirche ist apostolisch, weil sie auf die Predigt und das Gebet der Apostel gegründet ist, auf die Autorität, die ihnen von Christus selbst gegeben wurde. Der hl. Paulus schreibt an die Christen in Ephesus: »Ihr seid ... Mitbürger der Heiligen und Hausgenossen Gottes. Ihr seid auf das Fundament der Apostel und Propheten gebaut; der Schlussstein ist Christus Jesus selbst« (2,19-20); er vergleicht also die Christen mit lebendigen Steinen, die einen Bau bilden, der die Kirche ist, und dieser Bau ist auf die Apostel als Säulen gegründet, und der Stein, der alles trägt, ist Jesus selbst. Ohne Jesus kann die Kirche nicht existieren! Jesus ist die Basis der Kirche, das Fundament!

Die Apostel haben mit Jesus gelebt, haben seine Worte gehört, haben sein Leben geteilt, vor allem sind sie Zeugen seines Todes und seiner Auferstehung gewesen. Unser Glaube, die Kirche, die Christus gewollt hat, gründet nicht auf einer Idee, gründet nicht auf einer Philosophie, sondern gründet auf Christus selbst. Und die Kirche ist wie eine Pflanze, die im Laufe der Jahrhunderte gewachsen ist, sich entwickelt hat, Früchte getragen hat, aber ihre Wurzeln sind fest in Christus eingepflanzt, und die grundlegende Erfahrung von Christus, die die von Jesus erwählten und ausgesandten Apostel hatten, gelangt bis zu uns. Von jener winzigen Pflanze bis in unsere Tage: Die Kirche ist so in der ganzen Welt.

@pontifex
Der Glaube ist nicht Dekoration, Verzierung. Glauben haben heißt, Christus wirklich in die Mitte unseres Lebens zu stellen.

Kommt zu ihm, dem lebendigen Stein, der von den Menschen verworfen, aber von Gott auserwählt und geehrt worden ist. Lasst euch als lebendige Steine zu einem geistigen Haus aufbauen.

1 Petr 2,4f

WORAN GLAUBEN WIR?

Wenn wir das Glaubensbekenntnis sprechen, sagen wir: »Ich glaube an die eine, heilige, katholische und apostolische Kirche«. Ich weiß nicht, ob ihr jemals über die Bedeutung nachgedacht habt, die der Ausdruck hat: »die Kirche ist apostolisch«. ... Zu bekennen, dass die Kirche apostolisch ist, bedeutet, ihre grundlegende Verbindung mit den Aposteln hervorzuheben, mit jener kleinen Gruppe von zwölf Männern, die Jesus eines Tages zu sich gerufen hat, die er beim Namen genannt hat, die er bei sich haben und dann aussenden wollte, damit sie predigten (vgl. Mk 3,13–19). »Apostel« ist nämlich ein griechisches Wort, das »Gesandter«, »Ausgesandter« bedeutet. ...
Wir alle, wenn wir Apostel sein wollen, wie ich jetzt erklären werde, müssen uns fragen: Bete ich für das Heil der Welt? Verkündige ich das Evangelium? Das ist die apostolische Kirche! Sie ist eine grundlegende Verbindung, die wir mit den Aposteln haben.

EIN MÄCHTIGER STROM

Wie können wir uns mit diesem Zeugnis verbinden, wie kann das, was die Apostel mit Jesus erlebt, was sie von ihm gehört haben, bis zu uns gelangen? Das ist die zweite Bedeutung des Wortes »Apostolizität«. Der Katechismus der Katholischen Kirche sagt, dass die Kirche apostolisch ist, denn »sie bewahrt mit dem Beistand des in ihr wohnenden Geistes die Lehre, das Glaubensvermächtnis sowie die gesunden Grundsätze der Apostel und gibt sie weiter« (Nr. 857). Die Kirche bewahrt durch die Jahrhunderte hindurch diesen kostbaren Schatz – die Heilige Schrift, die Lehre, die Sakramente, das Hirtenamt –, damit wir Christus treu sein und an seinem Leben teilhaben können. Sie ist wie ein Strom, der in der Geschichte fließt, sich entwickelt, bewässert. Aber das Wasser, das fließt, geht immer von der Quelle aus, und die Quelle ist Christus selbst.

IN BEWEGUNG BLEIBEN

Die Kirche ist apostolisch, weil sie ausgesandt ist, das Evangelium in alle Welt zu bringen. Auf dem Weg der Geschichte wird die Sendung fortgesetzt, die Jesus den Aposteln anvertraut hat: »Darum geht zu allen Völkern, und macht alle Menschen zu meinen Jüngern; tauft sie auf den Namen des Vaters und des Sohnes und des Heiligen Geistes, und lehrt sie, alles zu befolgen, was ich euch geboten habe. Seid gewiss: Ich bin bei euch alle Tage bis zum Ende der Welt« (Mt 28,19–20).

Das ist es, was Jesus uns aufgetragen hat zu tun! ... Christus lädt alle ein, den anderen »entgegenzugehen«, er sendet uns, er fordert uns auf, uns in Bewegung zu setzen, um die Freude des Evangeliums zu bringen!

@pontifex
Liebe Jugendliche, Jesus will euer Freund sein. Er will, dass ihr die Freude über diese Freundschaft überall ausstrahlt.

NIEMALS ALLEIN AUF DEM WEG

Eine alte Überlieferung der Kirche von Rom erzählt, dass der Apostel Petrus, als er die Stadt verließ, um der Verfolgung Neros zu entkommen, Jesus sah, der in entgegen gesetzter Richtung ging, und verwundert fragte er ihn: »Herr, wohin gehst du?« Die Antwort Jesu war: »Ich gehe nach Rom, um noch einmal gekreuzigt zu werden.« In jenem Augenblick begriff Petrus, dass er mutig dem Herrn bis zum Ende folgen musste, aber er begriff vor allem, dass er niemals allein war auf dem Weg; bei ihm war immer jener Jesus, der ihn bis in sein Sterben am Kreuz hinein geliebt hatte. Seht, Jesus durchwandert mit seinem Kreuz unsere Straßen und nimmt unsere Ängste, unsere Probleme, unsere Leiden – auch die tiefsten – auf sich.

MIT UNS VERBUNDEN

Durch das Kreuz verbindet Jesus sich mit allen Menschen, die Hunger leiden in einer Welt, die sich andererseits den Luxus leistet, täglich tonnenweise Lebensmittel wegzuwerfen. … Durch das Kreuz verbindet Jesus sich mit allen, die aufgrund ihrer Religion, ihrer Vorstellungen oder einfach wegen ihrer Hautfarbe verfolgt werden; durch das Kreuz ist Jesus mit den vielen jungen Menschen verbunden, die ihr Vertrauen in die politischen Institutionen verloren haben, weil sie den Egoismus und die Korruption sehen, oder die ihren Glauben an die Kirche und sogar an Gott verloren haben wegen der Unlauterkeit von Christen und von Dienern des Evangeliums. … Im Kreuz Christi ist das Leiden, die Sünde des Menschen – auch die unsere –, und er nimmt alles mit offenen Armen auf, lädt unsere Kreuze auf seine Schultern und sagt zu uns: Nur Mut! Du bist nicht allein, sie zu tragen! Ich trage sie mit dir, und ich habe den Tod überwunden und bin gekommen, um dir Hoffnung zu schenken, um dir Leben zu geben (vgl. Joh 3,16).

@pontifex
Es gibt kein Christsein zum Billigtarif: Jesus nachfolgen heißt gegen den Strom schwimmen und dabei auf Böses, auf den Egoismus verzichten.

51

DIE STIMME IM HERZEN

Auch ihr seid berufen, »Menschenfischer« zu werden. Zögert nicht, euer Leben dafür einzusetzen, um mit Freude das Evangelium zu bezeugen, besonders euren Altersgenossen.

Ich möchte euch von einer persönlichen Erfahrung erzählen. Gestern [am 21. September 2013] habe ich das 60. Jubiläum des Tages begangen, an dem ich die Stimme Jesu in meinem Herzen vernommen habe. Das sage ich nicht, damit ihr mir eine Torte backt, nein, ich sage es nicht deswegen. Sondern es ist eine Erinnerung: Seit diesem Tag sind 60 Jahre vergangen. Ich vergesse ihn nie. Der Herr hat mich ganz stark spüren lassen, dass ich jenen Weg gehen sollte. Ich war 17 Jahre alt. Es sind einige Jahre vergangen bis diese Entscheidung, diese Einladung, konkret und endgültig wurde. Danach sind viele Jahre vergangen, mit ein paar Erfolgen, Jahre der Freude, aber viele Jahre auch des Scheiterns, der Schwachheit, der Sünde ... 60 Jahre auf dem Weg des Herrn, hinter ihm, neben ihm, stets mit ihm.

Ich sage euch nur das: Ich habe es nicht bereut! Aber warum? Weil ich mich wie Tarzan fühle und die Kraft habe voranzugehen? Nein, ich habe es nicht bereut, weil ich immer, auch in den dunkelsten Augenblicken, in den Augenblicken der Sünde, in den Augenblicken der Schwäche, in den Augenblicken des Scheiterns, auf Jesus geschaut und ihm vertraut habe, und er hat mich nicht allein gelassen. Vertraut auf Jesus: Er geht immer voraus, er geht mit uns! Aber, hört ihr, er enttäuscht nie. Er ist treu, er ist ein treuer Gefährte. Denkt darüber nach, das ist mein Zeugnis: Ich bin glücklich über diese 60 Jahre mit dem Herrn. Aber noch etwas: Geht voran.

> Es gibt kein Kreuz in unserem Lebens – sei es klein oder groß –, das der Herr nicht mit uns teilt.
>
> *Franciscus*

EINER, DER UNS VERSTEHT

Zum Kreuz Christi tragen wir unsere Freuden, unsere Leiden und unsere Misserfolge; wir werden ein offenes Herz finden, das uns versteht, uns verzeiht, uns liebt und uns bittet, diese selbe Liebe in unser Leben hineinzutragen, jeden unserer Brüder und Schwestern mit ebendieser Liebe zu lieben.

@pontifex
Christus hat Vertrauen in euch. Er vertraut euch seine eigene Sendung an: Geht, macht alle Völker zu Jüngern.

WAS ANTWORTEST DU?

Das Kreuz Christi lädt ein, uns von dieser Liebe anstecken zu lassen; es lehrt uns also, den anderen immer mit Barmherzigkeit und Liebe zu betrachten – vor allem den, der leidet, der Hilfe braucht, der auf ein Wort, eine Geste wartet; das Kreuz lädt uns ein, aus uns selbst herauszugehen, um ihnen entgegenzukommen und ihnen die Hand zu reichen.

Viele ... Gesichter haben Jesus auf dem Weg zum Kalvarienberg begleitet: Pilatus, Simon von Zyrene, Maria, die Frauen ... Ich frage dich heute: Wer von diesen möchtest du sein? Willst du wie Pilatus sein, der nicht den Mut hat, gegen den Strom zu schwimmen, um das Leben Jesu zu retten, und der seine Hände in Unschuld wäscht? Sag mir: Bist du einer von denen, die ihre Hände in Unschuld waschen, bist du einer, der sich dumm stellt und zu Seite schaut? Oder bist du wie Simon von Zyrene, der Jesus hilft, den schweren Balken zu tragen, wie Maria und die anderen Frauen, die keine Angst haben, Jesus bis zum Ende zu begleiten, mit Liebe und mit Zärtlichkeit. Und du, wie möchtest du sein? Wie Pilatus, wie Simon von Zyrene, wie Maria?

Jesus blickt dich jetzt gerade an und sagt dir: Willst du mir das Kreuz tragen helfen? Lieber Bruder, liebe Schwester: Mit all deiner Kraft eines jungen Menschen, was antwortest du ihm?

DIE WÜRZE DES LEBENS

Das Weltjugendtagskreuz hat diese Worte während seiner ganzen Pilgerreise durch Brasilien ausgerufen. »Füg Glauben hinzu«: Was bedeutet das? Wenn ein gutes Gericht zubereitet wird, und du merkst, dass Salz fehlt, dann »tust« du noch Salz dazu; fehlt Öl, dann »tust« du noch Öl dazu ... So ist es auch in unserem Leben, liebe junge Freunde. Wenn wir wollen, dass es wirklich sinnerfüllt ist, so wie ihr es wünscht und verdient, dann sage ich jedem und jeder von euch: »Füg Glauben hinzu« und das Leben wird einen neuen Geschmack haben, das Leben wird einen Kompass haben, der die Richtung anzeigt. »Füg Hoffnung hinzu« und jeder deiner Tage wird hell sein und dein Horizont wird nicht mehr düster, sondern klar

sein. »Füg Liebe hinzu« und dein Leben wird wie ein Haus sein, das auf Fels gebaut ist, dein Weg wird voll Freude sein, denn du wirst viele Freunde treffen, die mit dir gehen. Füg Glauben, Hoffnung und Liebe hinzu! ...

Aber wer kann uns dies alles schenken? Im Evangelium hören wir die Antwort: Christus. »Das ist mein auserwählter Sohn, auf ihn sollt ihr hören!« Jesus bringt uns Gott und bringt uns zu Gott. Mit ihm verwandelt sich unser ganzes Leben, es wird neu und wir können die Wirklichkeit mit neuen Augen sehen, vom Gesichtspunkt Jesu aus, mit seinen Augen.

Daher sage ich euch heute, einem jeden von euch: »Füg Christus hinzu«, nimm Christus in dein Leben hinein und du wirst einen Freund finden, auf den du dich immer verlassen kannst. »Füg Christus hinzu« und du wirst die Flügel der Hoffnung wachsen sehen, um den Weg der Zukunft voll Freude zu beschreiten. »Füg Christus hinzu« und dein Leben wird voll von seiner Liebe sein, es wird ein Leben sein, das Frucht bringt. Denn wir all sehnen uns danach, ein Leben zu haben, das Frucht bringt, ein Leben, welches Leben für andere bringt!

Jesus ist das Leben!
Wenn es dir schwierig erscheint,
ihm zu folgen, hab keine Angst,
vertrau dich ihm an, er ist auf
deiner Seite.

Franciscus

WEM VERTRAUEN WIR?

Heute täte es allen gut, sich ehrlich zu fragen: In wen setzen wir unser Vertrauen? In uns selbst, in die materiellen Dinge oder in Jesus? Alle sind wir oft versucht, uns selbst in den Mittelpunkt zu stellen, zu glauben, dass wir die Achse des Universums sind, zu glauben, dass es an uns allein liegt, unser Leben aufzubauen, oder zu denken, dass Besitz, Geld, Macht es glücklich machen. Aber wir alle wissen, dass es nicht so ist! Sicher, der Besitz, das Geld, die Macht können einen Augenblick des Rausches bieten, die Illusion, glücklich zu sein, aber am Ende sind diese Dinge es, die uns besitzen und uns drängen, immer mehr zu wollen, nie genug zu haben. Am Ende sind wir »abgefüllt«, aber nicht genährt, und es ist sehr traurig, eine »abgefüllte«, doch schwache Jugend zu sehen. Die Jugend muss stark sein, sich von seinem Glauben nähren und nicht mit anderen Dingen abfüllen! »Füg Christus hinzu«, nimm Christus in deinem Leben hinein, setze dein Vertrauen in ihn und du wirst nicht enttäuscht sein!

DER GLAUBE IST REVOLUTIONÄR

Schaut, liebe Freunde, der Glaube vollbringt in unserem Leben eine Revolution, die wir kopernikanisch nennen könnten: Er rückt uns aus dem Mittelpunkt heraus und stellt Gott wieder in die Mitte; der Glaube taucht uns in Gottes Liebe ein, die uns Sicherheit, Kraft und Hoffnung gibt. Äußerlich scheint sich nichts zu ändern, aber tief in unserem Innersten ändert sich alles.

Wenn Gott da ist, wohnen in unserem Herzen Friede, Sanftmut, Herzlichkeit, Mut, Gelassenheit und Freude, die Früchte des Heiligen Geistes sind (vgl. Gal 5,22). Unser Leben wird also verwandelt, unsere Weise zu denken und zu handeln erneuert sich, sie wird die Weise des Denkens und Handelns Jesu, des Denkens und Handelns Gottes. Liebe Freunde, der Glaube ist revolutionär, und heute frage ich dich: Bist du bereit, in diese revolutionäre Welle des Glaubens hineinzugehen? Nur wenn du in diese Welle hineingehst, erhält dein junges Leben Sinn und so wird es Frucht bringen.

ER WARTET AUF DICH

Nimm Christus in dein Leben hinein. Er wartet auf dich: Höre aufmerksam auf ihn, und seine Gegenwart wird dein Herz mitreißen. »Füg Christus hinzu«: Er nimmt dich an im Sakrament der Vergebung, mit seiner Barmherzigkeit heilt er alle Wunden der Sünde. Hab keine Angst, Gott um Vergebung zu bitten. Denn wie ein Vater, der uns liebt, wird er nie müde zu vergeben. Gott ist reine Barmherzigkeit! »Füg Christus hinzu«: Er wartet auf dich auch in der Eucharistie, dem Sakrament seiner Gegenwart, seines Opfers aus Liebe. Und er wartet auf dich auch in der Gestalt, im Menschsein so vieler Jugendlicher, die dich mit ihrer Freundschaft bereichern, mit ihrem Glaubenszeugnis ermutigen werden, die dich die Sprache der Liebe, der Güte und des Dienstes lehren werden. Auch du, lieber Jugendlicher, liebe Jugendliche, kannst ein froher Zeuge seiner Liebe, ein mutiger Zeuge seines Evangeliums sein, um in diese Welt ein wenig Licht zu bringen. Lass dich von Jesus lieben, er ist ein Freund, der nicht enttäuscht.

DER EINZIGE SICHERE WEG

Der Glaube an Jesus Christus ist kein Scherz, er ist eine sehr ernsthafte Sache. Es ist Anstoß erregend, dass Gott gekommen ist, um einer von uns zu werden. Es ist ein Skandal, dass er am Kreuz gestorben ist. Es ist ein Skandal: der Skandal des Kreuzes. Das Kreuz erregt weiterhin Anstoß. Aber es ist der einzige sichere Weg: der Weg des Kreuzes, der Weg Jesu, der Weg der Menschwerdung Jesu.

Bitte »mixt« den Glauben an Jesus Christus nicht. Es gibt den Orangensaft-Mix, es gibt den Apfelsaft-Mix, es gibt den Bananensaft-Mix, aber bitte trinkt keinen »Glaubens-Mix«. Der Glaube ist ganz, man vermischt ihn nicht. Es ist der Glaube an Jesus. Es ist der Glaube an den Sohn Gottes, der Mensch geworden ist, der mich geliebt hat und für mich gestorben ist.

4. DIE WELT VERÄNDERN

DU BIST DER HÜTER DEINES BRUDERS

Ist die Welt, die wir wollen, nicht eine Welt der Harmonie und des Friedens in uns selbst – in den Beziehungen zu den anderen, in den Familien, in den Städten, innerhalb und zwischen den Nationen? ... Entweder herrscht Harmonie, oder man fällt ins Chaos, wo Gewalt, Streit, Auseinandersetzung und Angst herrschen ...

Genau in diesem Chaos richtet nun Gott an das Gewissen des Menschen die Frage: »Wo ist dein Bruder Abel?« Und Kain antwortet: »Ich weiß es nicht. Bin ich der Hüter meines Bruders?« (4,9). Auch an uns ist diese Frage gerichtet, und auch uns wird es gut tun, uns zu fragen: Bin ich der Hüter meines Bruders? – Ja, du bist der Hüter deines Bruders! Menschsein bedeutet, einander Hüter zu sein!

Wenn dagegen die Harmonie auseinander bricht, geschieht eine Metamorphose: Der Bruder, der gehütet und geliebt werden soll, wird zum Gegner, der bekämpft und beseitigt werden muss. Wie viel Gewalt geht von jenem Moment aus, wie viele Konflikte, wie viele Kriege haben unsere Geschichte geprägt! Es reicht, wenn man das Leiden so vieler Brüder und Schwestern sieht. Da geht es nicht um etwas Situationsbedingtes, sondern die Wahrheit ist diese: In jedem Gewaltakt, in jedem Krieg lassen wir Kain wieder aufleben. Wir alle!

Und auch heute setzen wir diese Geschichte der Auseinandersetzung zwischen Brüdern fort, auch heute erheben wir die Hand gegen den, der unser Bruder ist. Auch heute lassen wir uns von den Götzen, vom Egoismus, von unseren Interessen leiten; und dieses Verhalten entwickelt sich weiter: Wir haben unsere Waffen vervollkommnet, unser Gewissen ist eingeschlafen, und wir haben ausgeklügeltere Begründungen gefunden, um uns zu rechtfertigen. ...

Und an diesem Punkt frage ich mich: Ist es möglich, den Weg des Friedens einzuschlagen? Können wir aus dieser Spirale des Schmerzes und des Todes aussteigen? Können wir wieder lernen, mit unseren Schritten die Wege des Friedens zu verfolgen?

KOMM HERAUS!

Möge ein jeder Mut fassen, auf den Grund seines Gewissens zu schauen und auf jene Stimme zu hören, die sagt: Komm heraus aus deinen Interessen, die dein Herz verengen, überwinde die Gleichgültigkeit gegenüber dem anderen, die das Herz gefühllos macht, besiege deine Todesargumente und öffne dich dem Dialog, der Versöhnung: Schau auf den Schmerz deines Bruders und füge nicht weiteren Schmerz hinzu, halte deine Hand zurück, baue die Harmonie wieder auf, die auseinander gebrochen ist – und das nicht mit dem Zusammenprall, sondern mit der Begegnung!

@pontifex
Das christliche Leben hört nicht beim Gebet auf, sondern erfordert einen beständigen und mutigen Einsatz, der aus dem Gebet hervorgeht.

UNSERE GEWISSEN WACHRÜTTELN

Immigranten auf dem Meer umgekommen, auf den Booten, die statt eines Weges der Hoffnung ein Weg des Todes wurden. So die Überschriften der Zeitungen.

Als ich vor einigen Wochen diese Nachricht hörte, die sich leider sehr oft wiederholte, drangen die Gedanken immer wieder wie ein Leid bringender Stich ins Herz. Und da habe ich gespürt, dass ich heute hierher kommen musste, um zu beten, um eine Geste der Nähe zu setzen, aber auch um unsere Gewissen wachzurütteln, damit sich das Vorgefallene nicht wiederhole. Es wiederhole sich bitte nicht.

OHNE ORIENTIERUNG

»Adam, wo bist du?«, lautet die erste Frage, die Gott an den Menschen nach dem Sündenfall richtet. »Wo bist du, Adam?« Adam ist ein Mensch ohne Orientierung, der seinen Platz in der Schöpfung verloren hat, weil er glaubt, mächtig zu werden, alles beherrschen zu können, Gott zu sein. Und die Harmonie geht zu Bruch, der Mensch geht fehl, und dies wiederholt sich auch in der Beziehung zum anderen, der nicht mehr der zu liebende Bruder ist, sondern bloß der andere, der mein Leben, mein Wohlbefinden stört. Und Gott stellt die zweite Frage: »Kain, wo ist dein Bruder?« Der Traum, mächtig zu sein, groß wie Gott, ja Gott zu sein, führt zu einer Kette von Fehlern, zur Kette des Todes, führt dazu, das Blut des Bruder zu vergießen!

Diese beiden Fragen Gottes ertönen auch heute in all ihrer Kraft! Viele von uns, ich schließe auch mich ein, sind wir ohne Orientierung, wir achten nicht mehr auf die Welt, in der wir leben, wir wahren und hüten nicht, was Gott für alle geschaffen hat, und wir sind nicht einmal mehr in der Lage, einander zu hüten. Und wenn diese Orientierungslosigkeit Weltdimensionen annimmt, kommt es zu Tragödien wie jener, die wir erfahren haben.

ALLE UND NIEMAND

»Wo ist dein Bruder?« Sein Blut schreit bis zu mir, sagt Gott. Das ist keine Frage, die an andere gerichtet ist, es ist eine Frage, die an mich, an dich, an jeden von uns gerichtet ist. ... »Wo ist dein Bruder?« Wer ist der Verantwortliche für dieses Blut? In der spanischen Literatur gibt es eine Komödie von Lope de Vega. Darin wird erzählt, wie die Einwohner der Stadt Fuente Ovejuna den Gouverneur umbringen, weil er ein Tyrann ist. Dies geschieht auf eine Weise, dass unbekannt bleibt, wer ihn getötet hat. Und als der Richter des Königs fragt: »Wer hat den Gouverneur umgebracht?«, antworten alle: »Fuente Ovejuna, Herr.« Alle und niemand!

Auch heute taucht diese Frage nachdrücklich auf: Wer ist der Verantwortliche für das Blut dieser Brüder und Schwestern? Niemand! Wir alle antworten so: Ich bin es nicht, ich habe nichts damit zu tun, es werden andere sein, sicher nicht ich. Aber Gott fragt einen jeden von uns: »Wo ist dein Bruder, dessen Blut zu mir schreit?« Niemand in der Welt fühlt sich heute dafür verantwortlich; wir haben den Sinn für brüderliche Verantwortung verloren; wir sind in die heuchlerische Haltung des Priesters und des Leviten geraten, von der Jesus im Gleichnis vom barmherzigen Samariter sprach: Wir sehen den halbtoten Bruder am Straßenrand, vielleicht denken wir »der Arme« und gehen auf unserem Weg weiter; es ist nicht unsere Aufgabe; und damit beruhigen wir uns selbst und fühlen uns in Ordnung.

DIE GLOBALISIERUNG DER

GLEICH-
GÜLTIGKEIT

Die Wohlstandskultur, die uns dazu bringt, an uns selbst zu denken, macht uns unempfindlich gegen die Schreie der anderen; sie lässt uns in Seifenblasen leben, die schön, aber nichts sind, die eine Illusion des Nichtigen, des Flüchtigen sind, die zur Gleichgültigkeit gegenüber den anderen führen, ja zur Globalisierung der Gleichgültigkeit. In dieser Welt der Globalisierung sind wir in die Globalisierung der Gleichgültigkeit geraten. Wir haben uns an das Leiden des anderen gewöhnt, es betrifft uns nicht, es interessiert uns nicht, es geht uns nichts an!

»Adam, wo bist du?«, »Wo ist dein Bruder?« sind die zwei Fragen, die Gott am Anfang der Geschichte der Menschheit stellt und die er ebenso an alle Menschen unserer Zeit, auch an uns richtet. Ich möchte aber, dass wir eine dritte Frage anfügen: »Wer von uns hat darüber und über Geschehen wie diese geweint?« Wer hat geweint über den Tod dieser Brüder und Schwestern? Wir sind eine Gesellschaft, die die Erfahrung des Weinens, des »Mit-Leidens« vergessen hat: Die Globalisierung der Gleichgültigkeit hat uns die Fähigkeit zu weinen genommen!

Im Evangelium haben wir das Geschrei, das Weinen, das laute Klagen gehört: »Rahel weinte um ihre Kinder ... denn sie waren dahin« (Mt 2,18). Herodes säte Tod, um sein eigenes Wohl zu verteidigen, seine Seifenblase. Und dies wiederholt sich weiter ... Bitten wir den Herrn, dass er austilge, was von Herodes auch in unserem Herzen geblieben ist; bitten wir den Herrn um die Gnade, über unsere Gleichgültigkeit zu weinen, zu weinen über die Grausamkeit in der Welt, in uns, auch in denen, die in der Anonymität sozioökonomische Entscheidungen treffen, die den Weg bereiten zu Dramen wie diesem. »Wer hat geweint?« Wer hat heute in der Welt geweint?

WIR BITTEN UM

VERGEBUNG

»Herr, wir bitten um Vergebung für die Gleichgültigkeit gegenüber so vielen Brüdern und Schwestern,

wir bitten dich, Vater, um Vergebung für den, der sich damit abgefunden, der sich im eigenen Wohlstand eingeschlossen hat, der zur Betäubung des Herzens führt;

wir bitten dich um Vergebung für alle, die mit ihren Entscheidungen auf weltweiter Ebene Situationen geschaffen haben, die zu solchen Dramen führen. Vergebung, Herr!

Herr, gib, dass wir auch heute deine Fragen hören: »Adam, wo bist du?« »Wo ist das Blut deines Bruders?«

@pontifex
Wenn wir jemanden sehen, der um Hilfe bittet, halten wir da an? Es gibt viel Leid und Armut, und es braucht viele barmherzige Samariter.

67

WIR SIND ALLE GESCHWISTER

Jeder Mensch hegt in seinem Herzen den Wunsch nach einem erfüllten Leben. Und dazu gehört ein unstillbares Verlangen nach Brüderlichkeit, das zu einer Gemeinschaft mit den anderen drängt, in denen wir nicht Feinde oder Konkurrenten sehen, sondern Geschwister, die man aufnimmt und umarmt. ...

Nach dem Schöpfungsbericht stammen alle Menschen von gemeinsamen Eltern ab, von Adam und Eva, dem Paar, das Gott als sein Abbild, ihm ähnlich (vgl. Gen 1,26) erschuf. Aus ihrer Verbindung gehen Kain und Abel hervor. In der Geschichte der Urfamilie lesen wir die Entstehung der Gesellschaft, die Entwicklung der Beziehungen zwischen den Menschen und den Völkern. ... Doch der Mord Abels durch Kain bestätigt in tragischer Weise die radikale Ablehnung der Berufung, Brüder zu sein. Ihre Geschichte (vgl. Gen 4,1-16) verdeutlicht die schwierige Aufgabe, zu der alle Menschen gerufen sind, nämlich vereint zu leben und füreinander zu sorgen.

> Wohin wir auch gehen, auch in der kleinsten Pfarrei, im entlegensten Winkel dieser Erde, dort ist die eine Kirche; dort sind wir zu Hause, sind wir in der Familie, sind wir unter Brüdern und Schwestern.
>
> *Franciscus*

IN DER FAMILIE GOTTES

Wer das Leben Christi akzeptiert und in ihm lebt, erkennt Gott als Vater an und schenkt sich ihm gänzlich hin, da er ihn über alles liebt. Der versöhnte Mensch sieht in Gott den Vater aller und fühlt sich folglich gedrängt, eine Brüderlichkeit zu leben, die gegenüber allen offen ist. In Christus kann er den anderen annehmen, ihn als Sohn oder Tochter Gottes, als Bruder oder Schwester lieben und ihn nicht als Fremden und weniger noch als Gegenspieler oder sogar als Feind betrachten.

In der Familie Gottes, wo alle Kinder des einen Vaters und, in Christus eingefügt, Söhne im Sohn sind, gibt es keine »Wegwerf-Leben«. Alle erfreuen sich derselben unantastbaren Würde. Alle sind von Gott geliebt, alle sind durch das Blut Christi erlöst, der für einen jeden am Kreuz gestorben und auferstanden ist. Das ist der Grund, warum man gegenüber dem Geschick der Brüder und Schwestern nicht gleichgültig bleiben kann.

DIE KIRCHE IST BUNT

Die Kirche ist wie ein großes Orchester, in dem Vielfalt herrscht. Wir sind nicht alle gleich, und wir müssen nicht alle gleich sein. Alle sind wir verschieden, unterschiedlich, jeder mit den eigenen Eigenschaften. Und das ist das Schöne an der Kirche: Jeder trägt das Seine bei, das Gott ihm geschenkt hat, um die anderen zu bereichern. Und unter den einzelnen Bestandteilen herrscht diese Vielfalt, aber es ist eine Vielfalt, die nicht in Konflikt gerät, sich nicht in Gegensatz zueinander stellt; es ist eine Vielfalt, die durch den Heiligen Geist in Harmonie miteinander eins wird; er ist der wahre »Dirigent«!, er selbst ist Harmonie. Und hier sollten wir uns fragen: Leben wir in unseren Gemeinschaften die Harmonie oder streiten wir untereinander? Gibt es in meiner Pfarrgemeinde, in meiner Bewegung, wo ich zur Kirche gehöre, Klatsch? Wenn es Klatsch gibt, gibt es keine Harmonie, sondern Kampf. Und das ist nicht die Kirche.

VIELFALT AKZEPTIEREN

Die Kirche ist die Harmonie aller: Man darf nie übereinander klatschen, nie streiten! Nehmen wir den anderen an? Akzeptieren wir, dass es eine berechtigte Vielfalt gibt, dass dieser anders ist, dass jener so oder so denkt – im selben Glauben kann man auch unterschiedlich denken –, oder neigen wir dazu, alles zu vereinheitlichen? Die Einförmigkeit tötet jedoch das Leben. Das Leben der Kirche ist Vielfalt, und wenn wir allen diese Gleichförmigkeit auferlegen wollen, dann töten wir die Gaben des Heiligen Geistes. Bitten wir den Heiligen Geist, den wahren Urheber dieser Einheit in der Vielfalt, dieser Harmonie, dass er uns immer »katholischer« mache, nämlich in dieser Kirche, die katholisch und universal ist!

MITTEN IM LEBEN

Ihr seid die, denen die Zukunft gehört! Durch euch tritt die Zukunft in die Welt ein. Ich bitte euch, die Hauptdarsteller dieser Veränderung zu sein. Arbeitet weiter daran, die Apathie zu überwinden und eine christliche Antwort auf die sozialen und politischen Unruhen zu geben, die sich in mehreren Teilen der Welt zeigen. Ich bitte euch, Konstrukteure der Welt zu sein und euch an die Arbeit für eine bessere Welt zu machen. Liebe junge Freunde, bitte schaut euch das Leben nicht »vom Balkon aus« an! Begebt euch in die Welt! Jesus ist nicht auf dem Balkon geblieben. Er hat sich mitten hinein gestürzt. Taucht ein in das Leben, wie Jesus es gemacht hat.

WO FANGEN WIR AN?

Es bleibt aber die Frage: Wo sollen wir beginnen? Wo fangen wir an? Einmal haben sie Mutter Teresa von Kalkutta gefragt, was in der Kirche verändert werden müsse; von welcher Wand wollen wir anfangen? Wo fangen wir an? »Bei dir und bei mir!«, antwortete sie: Sie hatte Biss, diese Frau! Sie wusste, wo anzufangen sei. Auch ich raube heute Mutter Teresa dieses Wort und sage dir: Anfangen? Wo? Bei dir und bei mir!

Jeder frage sich: Wenn ich bei mir anfangen soll, wo fange ich an? Jeder öffne sein Herz, damit Jesus ihm sage, wo er anfangen soll. Vergesst nicht: Ihr seid die Erbauer einer schöneren Kirche und einer besseren Welt.

Wollt ihr etwas Schönes
für Gott tun?
Es gibt einen Menschen,
der euch braucht.
Das ist eure Chance.

Mutter Teresa

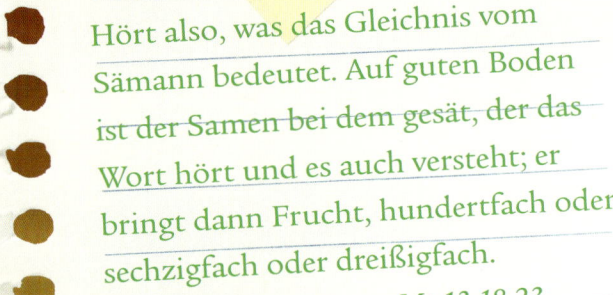

Hört also, was das Gleichnis vom Sämann bedeutet. Auf guten Boden ist der Samen bei dem gesät, der das Wort hört und es auch versteht; er bringt dann Frucht, hundertfach oder sechzigfach oder dreißigfach.

Mt 13,18.23

KEINE SPIESSER

Ich weiß, dass ihr guter Boden sein wollt, wirklich Christen, keine Teilzeit-Christen, keine »Spießer«-Christen, die die Nase hoch tragen, so dass sie als Christen erscheinen und im Innern überhaupt nichts tun; keine Fassaden-Christen, diese Christen, die »purer Augenschein« sind, sondern authentische Christen. Ich weiß, dass ihr nicht in einer haltlosen Freiheit leben wollt, die sich von den Moden und Interessen des Augenblicks treiben lässt. Ich weiß, dass ihr das Große wollt, endgültige Entscheidungen, die vollen Sinn geben.

AUTHENTISCHE CHRISTEN SEIN

Wir kennen alle das Gleichnis Jesu, das von einem Sämann erzählt, der aufs Feld ging, um Samen auszustreuen. Einige Körner fallen auf den Weg, auf felsigen Boden, in die Dornen und können nicht richtig wachsen; aber andere fallen auf guten Boden und bringen reiche Frucht (vgl. Mt 13,1-9).

Ich glaube, dass wir uns ganz ehrlich fragen können: Was für eine Art Boden sind wir, was für eine Art Boden wollen wir sein? Habe ich in meinem Herzen die Gewohnheit, ein doppeltes Spiel zu spielen: vor Gott eine gute Figur zu machen und vor dem Teufel eine gute Figur zu ma-

chen? Den Samen Jesu empfangen zu wollen und zugleich die Dornen und das Unkraut zu begießen, das in meinem Herzen aufkeimt? Heute aber bin ich sicher, dass der Samen auf guten Boden fallen kann. Hören wir diese Zeugen, wie der Samen auf guten Boden gefallen ist! – »Nein, Vater, ich bin kein guter Boden, ich bin eine Katastrophe, bin voller Steine, Dornen und was sonst noch alles.« – Ja, kann sein, dass das an der Oberfläche so ist, aber mach ein Stückchen frei, ein kleines Stück guten Bodens, und lass den Samen dorthin fallen, und du wirst sehen, wie er aufkeimt!

@pontifex
Vergrabt nicht eure Talente, die Gaben, die ihr von Gott empfangen habt! Habt keine Angst, das Große zu wollen.

FROHE BOTSCHAFT FÜR DIE WELT

Das Evangelium betrifft nicht nur die Religion, es betrifft den Menschen, den ganzen Menschen, es betrifft die Welt, die Gesellschaft, die menschliche Zivilisation. Das Evangelium ist die Heilsbotschaft Gottes für die Menschheit. Aber wenn wir »Heilsbotschaft« sagen, dann ist das nicht nur eine Floskel, nicht nur ein einfaches, leeres Wort, wie es heute so viele gibt! Die Menschheit bedarf dringend der Rettung! Das sehen wir jeden Tag, wenn wir Zeitung lesen, wenn wir uns die Nachrichten im Fernsehen ansehen; aber wir sehen es auch in unserem Umfeld, in den Personen, den Situationen; und wir sehen es an uns selbst! Jeder von uns bedarf der Rettung! Alleine schaffen wir es nicht! Wir bedürfen der Rettung! Rettung wovor? Vor dem Bösen. Das Böse ist am Wirken, es tut seine Arbeit. Aber das Böse ist nicht unbesiegbar, und ein Christ gibt sich nicht geschlagen, wenn er mit dem Bösen konfrontiert wird.

GOTT IST GRÖSSER

Unser Geheimnis ist, dass Gott größer ist als das Böse: und das stimmt! Gott ist größer als das Böse. Gott ist unendliche Liebe, grenzenlose Barmherzigkeit, und diese Liebe hat das Böse an der Wurzel besiegt im Tod und in der Auferstehung Christi. Das ist das Evangelium, die Frohbotschaft: Die Liebe Gottes hat gesiegt! Christus ist für unsere Sünden am Kreuz gestorben und auferstanden von den Toten. Mit ihm können wir gegen das Böse kämpfen und es jeden Tag besiegen. ... Wenn ich glaube, dass Jesus das Böse besiegt hat und mich rettet, dann muss ich Jesus nachfolgen, muss den Weg Jesu gehen, mein ganzes Leben lang.

WENN ES SEIN MUSS, AUCH MIT WORTEN

Wisst ihr, was Franziskus einmal zu seinen Mitbrüdern gesagt hat? »Werdet nie müde, das Evangelium zu predigen, und wenn es sein muss, auch mit Worten!« Was soll denn das heißen? Kann man das Evangelium auch ohne Worte predigen? Aber ja! Mit dem Zeugnis! Zuerst kommt das Zeugnis, dann die Worte! Auf das Zeugnis kommt es an!

Macht auch ihr es so! Heute sage ich auch im Namen des hl. Franziskus: Ich kann euch weder Gold noch Silber geben, aber ich habe etwas viel Wertvolleres: das Evangelium Jesu. Geht mutig voran! Mit dem Evangelium im Herzen und in den Händen. Bezeugt den Glauben mit eurem Leben: Bringt Christus in eure Häuser, verkündigt ihn in eurem Freundeskreis, nehmt ihn auf und dient ihm in den Armen.

DAS EVANGELIUM
IN DEN HÄNDEN

Das Evangelium, diese Botschaft des Heils, hat zwei Bestimmungen, die miteinander verflochten sind: zunächst einmal die, den Glauben zu wecken – das tut die Evangelisierung. Dann noch die, die Welt nach dem Plan Gottes umzuformen – und das tut das christliche Wirken in der Gesellschaft. Aber das sind nicht zwei getrennte Dinge, es ist eine einzige Sendung: das Evangelium mit dem Zeugnis unseres Lebens hinauszutragen, verändert die Welt! Das ist der Weg: das Evangelium zu bringen mit dem Zeugnis unseres Lebens. Nehmen wir Franziskus: er hat beides getan, einzig mit der Kraft des Evangeliums. Franziskus hat den Glauben wachsen lassen, er hat die Kirche erneuert. Und gleichzeitig hat er auch die Gesellschaft erneuert, sie brüderlicher gemacht, aber stets mit dem Evangelium, mit dem Zeugnis.

GANZ OHNE SCHLAGZEILEN

Ein junges Herz, das die Liebe Christi annimmt, wird zur Hoffnung für die anderen, es ist eine enorme Kraft! Aber ihr jungen Männer und Frauen, alle Jugendlichen, ihr müsst uns und euch in Hoffnung verwandeln! Die Türen zu einer neuen Welt der Hoffnung öffnen: das ist eure Aufgabe. Denken wir darüber nach, was jene Menge Jugendlicher bedeutet, die dem auferstandenen Christus in Rio de Janeiro begegnet sind und seine Liebe in das tägliche Leben hineintragen, sie leben, sie weitergeben. Sie kommen nicht in die Zeitung, denn sie begehen keine Gewalttaten, sie verursachen keine Skandale, und daher machen sie keine Schlagzeilen. Wenn sie aber mit Christus vereint bleiben, dann bauen sie sein Reich auf, dann schaffen sie Brüderlichkeit, fördern das Teilen, tun Werke der Barmherzigkeit, dann sind sie eine mächtige Kraft, um die Welt gerechter und schöner zu machen, um sie zu verwandeln!

Herausforderungen existieren, um überwunden zu werden. Seien wir realistisch, doch ohne die Heiterkeit, den Wagemut und die hoffnungsvolle Hingabe zu verlieren!

Franciscus

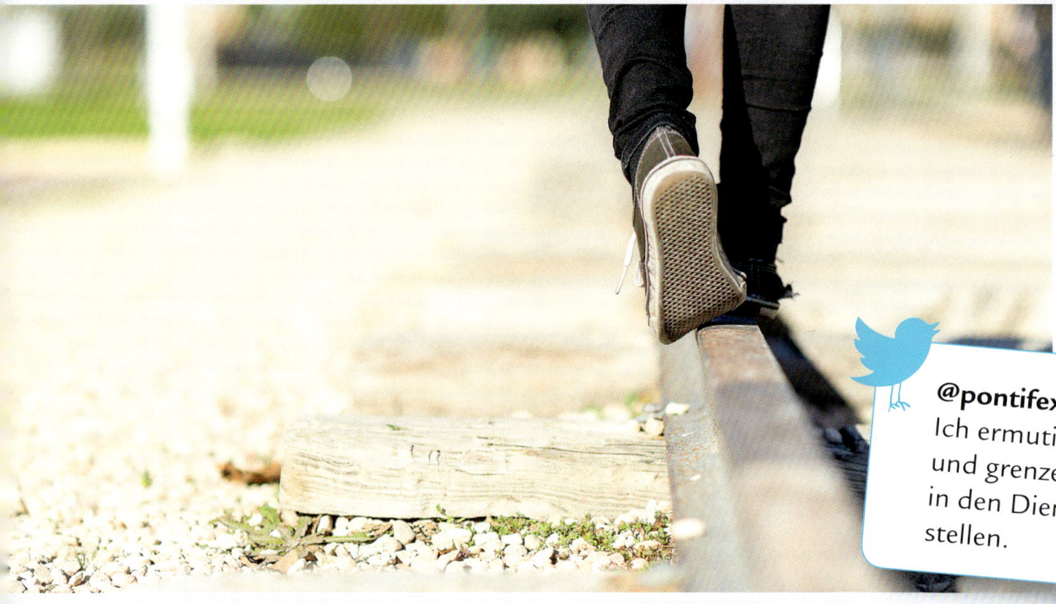

@pontifex
Ich ermutige euch, mit Kreativität und grenzenloser Liebe eure Talente in den Dienst des Evangeliums zu stellen.

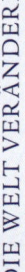

KLEINE SCHRITTE

Wenn alles stillzustehen und zu stagnieren scheint, wenn persönliche Probleme uns beunruhigen, soziale Schwierigkeiten keine angemessenen Antworten finden, dann ist es nicht gut, sich geschlagen zu geben. Der Weg ist Jesus: ihn in unser »Boot« steigen zu lassen und mit ihm hinauszufahren! Er ist der Herr! Er ändert die Lebensperspektive.

Der Glaube an Jesus führt zu einer Hoffnung, die alles übersteigt, zu einer Gewissheit, die nicht nur auf unseren Eigenschaften und Fähigkeiten gründet, sondern auf dem Wort Gottes, auf der Einladung, die von Jesus kommt – ohne allzu viele menschliche Berechnungen anzustellen und ohne überprüfen zu müssen, ob die Wirklichkeit, die euch umgibt, euren Sicherheiten entspricht.

Fahrt hinaus, geht aus euch selbst heraus; aus unserer kleinen Welt herausgehen und uns Gott gegenüber öffnen, um uns immer mehr auch gegenüber den Brüdern zu öffnen. Uns Gott zu öffnen, macht uns offen für die anderen! Sich Gott und den anderen gegenüber öffnen. Einige Schritte über uns selbst hinaus machen, kleine Schritte – aber macht sie. Kleine Schritte, um aus euch heraus und auf Gott und auf die anderen zuzugehen und das Herz zu öffnen für Brüderlichkeit, Freundschaft, Solidarität.

FÜR EINE BESSERE WELT

Wenn ich zu euch sage, ihr sollt mit Jesus vorangehen, dann ist es, um aufzubauen, um Gutes zu tun, um das Leben voranzubringen, um den anderen zu helfen, um eine bessere und friedliche Welt aufzubauen. ... Wenn ihr es nicht tut, dann wird es kein anderer tun! Das ist das Problem, und das ist die Frage, die ich euch überlasse: »Bin ich bereit, einen Weg einzuschlagen, der dazu führt, eine bessere Welt aufzubauen?«.

WIRBEL MACHEN

Ich möchte euch sagen, welche Wirkung ich vom Weltjugendtag erhoffe: Ich hoffe, dass es einen Wirbel gibt. Hier wird es einen Wirbel geben, ja, den wird es geben. *»Que acá en Río va a haber lío, va a haber.«* – »In Rio wirst du was erleben, da wird es einen Wirbel geben.« Aber ich will, dass ihr auch in den Diözesen Wirbel macht, ich will, dass man hinausgeht, ich will, dass die Kirche auf die Straßen hinausgeht, ich will, dass wir standhalten gegen alle Weltlichkeit, Unbeweglichkeit, Bequemlichkeit, gegen den Klerikalismus und alles In-sich-verschlossen-sein. Die Pfarreien, die Schulen, die verschiedenen Einrichtungen sind da, um hinauszugehen ..., wenn sie es nicht tun, werden sie eine NRO (Nichtregierungsorganisation), und die Kirche darf nie eine NRO sein. Die Bischöfe und Priester mögen mir verzeihen, wenn einige nachher Verwirrung stiften. Es ist ein Rat. Danke für das, was ihr tun könnt.

84

Nur Mut, geht voran, macht Lärm. Da, wo die Jugend ist, muss auch Lärm herrschen. Im Lauf des Lebens werden immer Menschen da sein, die euch Angebote machen, um euch aufzuhalten, um euren Weg zu versperren. Bitte, schwimmt gegen den Strom.

Franciscus

5. VERLIERT DIE HOFFNUNG NICHT!

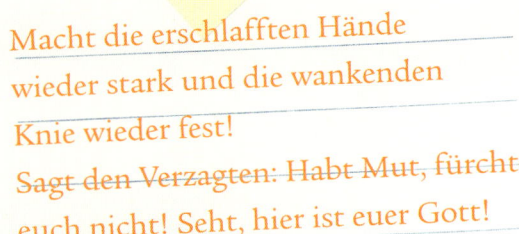

SEIN KOMMEN STÄRKT UNS

Die christliche Botschaft nennt sich „Evangelium", das heißt „frohe Botschaft", eine Verkündigung der Freude für das ganze Volk; die Kirche ist kein Zufluchtsort für traurige Leute, die Kirche ist die Heimat der Freude! Und die Traurigen finden in ihr die wahre Freude!

Doch die Freude des Evangeliums ist nicht irgendeine Freude. Sie findet ihren Grund darin, sich von Gott angenommen und geliebt zu wissen. Wie uns der Prophet Jesaja in Erinnerung ruft (vgl. 35,1-6a.8a.10), ist Gott der, der kommt, um uns zu erretten, und er eilt besonders den Verzagten zu Hilfe. Sein Kommen mitten unter uns stärkt uns, macht uns standhaft, schenkt uns Mut, lässt Wüste und Steppe jubeln und blühen, das heißt das Leben, wenn es verdörrt.

Und wann trocknet unser Leben aus? Wenn es ohne das Wasser des Wortes Gottes und seines Geistes der Liebe ist. So groß auch unsere Grenzen und unsere Verzagtheit sein mögen, es ist uns nicht gestattet, angesichts der Schwierigkeiten und unserer eigenen Schwächen erschlafft und wankend zu sein. Im Gegenteil, wir sind aufgefordert, die Hände wieder stark, die Knie fest zu machen, Mut zu haben und uns nicht zu fürchten, da unser Gott uns immer die Größe seiner Barmherzigkeit zeigt. Er gibt uns die Kraft, vorwärtszugehen. Er ist immer bei uns, um uns zu helfen voranzugehen. Er ist ein Gott, der uns so gerne hat, der uns liebt, und deshalb ist er bei uns, um uns zu helfen, um uns zu stärken und vorwärtsgehen zu lassen.

MUT ZUM NEUANFANG

Habt Mut! Immer vorwärts! Dank seiner Hilfe können wir immer wieder von vorne anfangen. Wie? Von vorne anfangen? Jemand könnte mir sagen: »Nein, Pater, ich habe so viel
angestellt ... Ich bin ein großer Sünder, eine große Sünderin ... Ich kann nicht von vorne
anfangen!« Das ist ein Irrtum! Du kannst von vorne anfangen! Warum? Weil er dich erwartet, er ist dir nahe, er liebt dich, er ist barmherzig, er vergibt dir, er gibt dir die Kraft,
von vorne anzufangen! Allen! So sind wir fähig, die Augen neu zu öffnen, Traurigkeit und
Tränen zu überwinden und ein neues Lied anzustimmen. Und diese wahre Freude bleibt
auch in der Prüfung, auch im Leid, denn sie ist keine oberflächliche Freude, sondern senkt
sich in die Tiefe des Menschen ein, der sich Gott anvertraut und auf ihn vertraut. Die
christliche Freude ist wie die Hoffnung auf die Treue Gottes gegründet, in der Gewissheit,
dass er seine Verheißungen immer erfüllt.

Ein junger Mensch ohne Hoffnung
ist kein junger Mensch;
er ist zu schnell gealtert!
Die Hoffnung ist Teil eurer Jugend!

Franciscus

DAS PRINZIP HOFFNUNG

In der Jugend ist man vorwärts gewandt, aber manchmal passiert es, dass man ein Scheitern, eine Enttäuschung erlebt: Das ist eine Prüfung, und sie ist wichtig! ... In der Kirche machen wir oft diese Erfahrung: Die Priester, die Katecheten, die Gruppenleiter strengen sich sehr an, wenden viel Kraft auf, geben sich alle erdenkliche Mühe, und am Ende sehen sie Ergebnisse, die nicht immer ihren Bemühungen entsprechen. ...

Es gibt Gemeinden, in denen der Glaube etwas verblasst zu sein scheint, wo nicht viele Gläubige aktiv am Leben der Kirche teilnehmen, wo man Christen sieht, die manchmal müde und traurig sind, und viele Jugendliche weggehen, nachdem sie die Firmung empfangen haben. Es ist eine Erfahrung des Scheiterns, eine Erfahrung, die in uns eine Leere zurücklässt, uns entmutigt. ...

Angesichts dieser Wirklichkeit fragt ihr euch zu recht: Was können wir tun? Was man gewiss nicht tun soll, ist, sich von Pessimismus und Entmutigung überwinden zu lassen. Pessimistische Christen: Das ist schrecklich! Ihr Jugendlichen könnt und dürft nicht ohne Hoffnung sein, die Hoffnung ist Teil eures Daseins.

ICH TRAGE JEDEN VON EUCH IM HERZEN

Heute sage ich zu euch allen: Ihr seid nicht allein, die Kirche ist mit euch, der Papst ist mit euch. Ich trage jeden von euch im Herzen und mache mir die Anliegen, die euch innerlich bewegen, zu Eigen: den Dank für die Freuden, die Bitten um Hilfe in Schwierigkeiten, die Sehnsucht nach Trost in den Augenblicken von Schmerz und Leid.

Ich bin gekommen, damit sie das Leben haben und es in Fülle haben.

Joh 10,10b

DER MENSCH KANN SICH ÄNDERN

Ihr, liebe junge Freunde, seid besonders empfindlich gegen die Ungerechtigkeiten, aber oft seid ihr enttäuscht von Fakten, die Korruption verraten, enttäuscht von Menschen, die anstatt das Gemeinwohl im Auge zu haben, ihr eigenes Interesse verfolgen. Auch euch und überhaupt allen sage ich: Verzagt niemals, verliert nicht die Zuversicht, lasst nicht zu, dass die Hoffnung erlischt! Die Wirklichkeit kann sich ändern, der Mensch kann sich ändern. Versucht ihr als erste, das Gute zu bringen, euch nicht an das Böse zu gewöhnen, sondern es durch das Gute zu besiegen. Die Kirche begleitet euch und bringt euch das kostbare Gut des Glaubens, den kostbaren Schatz Jesus Christus, der gekommen ist, »damit sie das Leben haben und es in Fülle haben« (Joh 10,10).

> Es ist der Glaube selbst,
> der uns Christen eine ganz
> solide Hoffnung schenkt,
> denn Gott selbst ist in unsere
> Geschichte eingetreten.
>
> *Franciscus*

DIE HOFFNUNG BEWAHREN

Wie viele Schwierigkeiten gibt es im Leben jedes Einzelnen, in unserem Volk, in unseren Gemeinschaften, aber wie groß sie auch scheinen mögen, Gott lässt niemals zu, dass wir von ihnen gänzlich überflutet werden. Angesichts der Entmutigung, die es im Leben geben und die bei denen aufkommen könnte, die für die Verkündigung des Evangeliums arbeiten oder die sich bemühen, den Glauben ... zu leben, möchte ich mit Nachdruck sagen: Habt stets diese Gewissheit im Herzen: Gott geht an eurer Seite, in keinem Augenblick verlässt er euch! Verlieren wir niemals die Hoffnung! Löschen wir sie niemals in unserem Herzen aus! Es gibt den »Drachen« – das Böse – in unserer Geschichte, aber nicht er ist der Stärkste. Der Stärkste ist Gott, und Gott ist unsere Hoffnung! Es ist wahr, dass heute alle, und auch unsere Jugendlichen, ein wenig den Reiz der vielen Götzen spüren, die sich an Gottes Stelle setzen und Hoffnung zu geben scheinen: Geld, Erfolg, Macht, Vergnügen. Im Herzen vieler breitet sich oft ein Gefühl der Einsamkeit und der Leere aus und führt zur Suche nach Kompensationen, nach diesen vergänglichen Götzen.

POSITIV BLEIBEN!

Lasst uns Lichter der Hoffnung sein! Lasst uns eine positive Sicht der Wirklichkeit haben! Fördern wir die Großherzigkeit, welche die jungen Menschen kennzeichnet, begleiten wir sie auf ihrem Weg, Protagonisten des Aufbaus einer besseren Welt zu werden: Sie sind ein mächtiger Antrieb für die Kirche und für die Gesellschaft. Sie brauchen nicht nur Dinge, sie brauchen vor allem, dass ihnen jene immateriellen Werte vorgelegt werden, welche die geistige Mitte eines Volkes, das Gedächtnis eines Volkes sind ...: Spiritualität, Großherzigkeit, Solidarität, Ausdauer, Brüderlichkeit, Freude – Werte, die ihre tiefste Wurzel im christlichen Glauben haben.

SICH VON GOTT ÜBERRASCHEN LASSEN

Gott hält immer das Beste für uns bereit. Aber er verlangt, dass wir uns von seiner Liebe überraschen lassen, dass wir seine Überraschungen annehmen. Vertrauen wir auf Gott! Fern von ihm erschöpft sich der Wein der Freude, der Wein der Hoffnung. Wenn wir in seine Nähe kommen, wenn wir bei ihm bleiben, verwandelt sich das, was kaltes Wasser zu sein scheint, das, was Not, was Sünde ist, in neuen Wein der Freundschaft mit ihm.

IN DER FREUDE LEBEN

Wenn wir in der Hoffnung vorangehen, indem wir uns von dem neuen Wein überraschen lassen, den Jesus uns anbietet, herrscht in unserem Herzen Freude, und wir können gar nicht anders, als Zeugen dieser Freude sein. Ein Christ ist frohgemut, er ist niemals traurig. Gott begleitet uns. Wir haben eine Mutter, die immer für das Leben ihrer Kinder – für uns – eintritt. Jesus hat uns gezeigt, dass Gott das Gesicht eines Vaters hat, der uns liebt. Sünde und Tod sind besiegt. Ein Christ kann nicht pessimistisch sein! Er hat nicht ein Gesicht wie einer, der in ständiger Trauer zu sein scheint. Wenn wir wirklich in Christus »verliebt« sind und spüren, wie sehr er uns liebt, wird unser Herz in einer solchen Freude »entbrennen«, dass sie alle ansteckt, die in unserer Nähe leben – wie Benedikt XVI. sagte: »Der Jünger weiß nämlich, dass es ohne Christus kein Licht, keine Hoffnung, keine Liebe und keine Zukunft gibt«.

@pontifex
Jeder von uns trägt im Herzen den Wunsch nach Liebe, Wahrheit, Leben … und Jesus ist dies alles in Fülle!

95

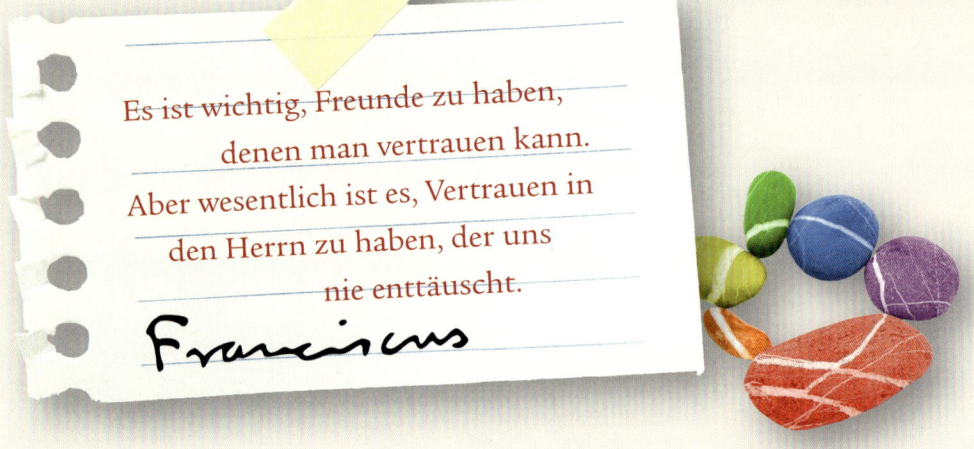

Es ist wichtig, Freunde zu haben,
denen man vertrauen kann.
Aber wesentlich ist es, Vertrauen in
den Herrn zu haben, der uns
nie enttäuscht.

Franciscus

DER WELTJUGENDTAG - EIN FEST

Der Weltjugendtag ist immer ein Fest, denn wenn eine Stadt sich mit jungen Männern und Frauen füllt, die mit den Flaggen aus aller Welt durch die Straßen ziehen, einander begrüßen, einander umarmen, das ist ein wahres Fest. Es ist ein Zeichen für alle, nicht nur für die Gläubigen. Aber dann gibt es das größte Fest, das Fest des Glaubens, wenn man gemeinsam den Herrn lobt, wenn man singt, das Wort Gottes hört, in stiller Anbetung verharrt: All das ist der Höhepunkt des Weltjugendtages, es ist der wahre Zweck dieser großen Pilgerreise, und das erlebt man insbesondere in der großen Vigilfeier am Samstagabend und in der Abschlussmesse. Das ist das große Fest, das Fest des Glaubens und der Brüderlichkeit, das in dieser Welt beginnt und das nie enden wird. Aber das ist nur mit dem Herrn möglich! Ohne die Liebe Gottes gibt es kein wahres Fest für den Menschen!

6. DEN GLAUBEN WEITERGEBEN

DER HERR BRAUCHT EUCH!

Vor dem Kreuz hört der heilige Franz von Assisi die Stimme Jesu, die zu ihm sagt: »Franziskus, geh und stelle mein Haus wieder her.« Und der junge Franziskus antwortet schnell und großmütig auf diesen Ruf des Herrn: sein Haus wiederherstellen. Aber welches Haus? Nach und nach wird er sich bewusst, dass es nicht darum ging, den Maurer zu machen und ein aus Steinen gefertigtes Gebäude wieder aufzubauen, sondern seinen Beitrag für das Leben der Kirche zu leisten. Es ging darum, sich in den Dienst der Kirche zu stellen, sie zu lieben und zu arbeiten, damit sich in ihr immer mehr das Antlitz Christi widerspiegle.

Auch heute noch braucht der Herr euch junge Menschen für seine Kirche. Auch heute ruft er jeden von euch, ihm in seiner Kirche zu folgen und Missionar zu sein. Liebe junge Freunde, der Herr ruft euch! Nicht haufenweise, als Masse! Er ruft dich und dich und dich, jeden einzeln; hört im Herzen, was er euch sagt.

Ich möchte alle ermutigen,
Überbringer
der Frohbotschaft Christi
zu werden.

Franciscus

BRECHEN WIR AUF

Brechen wir auf, gehen wir hinaus, um allen das Leben Jesu Christi anzubieten! Mir ist eine »verbeulte« Kirche, die verletzt und beschmutzt ist, weil sie auf die Straßen hinausgegangen ist, lieber, als eine Kirche, die aufgrund ihrer Verschlossenheit und ihrer Bequemlichkeit, sich an die eigenen Sicherheiten zu klammern, krank ist. Ich will keine Kirche, die darum besorgt ist, der Mittelpunkt zu sein, und schließlich in einer Anhäufung von fixen Ideen und Streitigkeiten verstrickt ist.

WAS DEIN HERZ WEISS

Wir alle sind gerufen, den anderen ein klares Zeugnis der heilbringenden Liebe des Herrn zu geben, der uns jenseits unserer Unvollkommenheiten seine Nähe, sein Wort und seine Kraft schenkt und unserem Leben Sinn verleiht. Dein Herz weiß, dass das Leben ohne ihn nicht dasselbe ist. Was du entdeckt hast, was dir zu leben hilft und dir Hoffnung gibt, das sollst du den anderen mitteilen. Unsere Unvollkommenheit darf keine Entschuldigung sein; im Gegenteil, die Aufgabe ist ein ständiger Anreiz, sich nicht der Mittelmäßigkeit hinzugeben, sondern weiter zu wachsen.

@pontifex
Die Glaubensgewissheit macht uns nicht unbeweglich oder verschlossen, sondern lässt uns aufbrechen zum Zeugnis und zum Dialog mit allen.

TÄGLICH LAUSCHEN

Gott überrascht uns immer wieder! Gott ist es, der ruft; aber es ist wichtig, eine tägliche Beziehung zu ihm zu haben, ihm zu lauschen in der Stille vor dem Tabernakel, in uns hinein zu hören, mit ihm zu sprechen, die Sakramente zu empfangen. Wenn wir eine derart vertraute Beziehung zu Gott haben, dann ist es, als ließen wir das Fenster unseres Lebens offen, damit er uns seine Stimme vernehmen lässt, uns sagt, was er von uns will.

OFFENE TÜREN

Die Kirche ist berufen, immer das offene Haus des Vaters zu sein. Eines der konkreten Zeichen dieser Öffnung ist es, überall Kirchen mit offenen Türen zu haben. So stößt einer, wenn er einer Eingebung des Geistes folgen will und näherkommt, weil er Gott sucht, nicht auf die Kälte einer verschlossenen Tür.

Doch es gibt noch andere Türen, die ebenfalls nicht geschlossen werden dürfen. Alle können in irgendeiner Weise am kirchlichen Leben teilnehmen, alle können zur Gemeinschaft gehören, und auch die Türen der Sakramente dürften nicht aus irgendeinem beliebigen Grund geschlossen werden. Das gilt vor allem, wenn es sich um jenes Sakrament handelt, das »die Tür« ist: die Taufe. Die Eucharistie ist, obwohl sie die Fülle des sakramentalen Lebens darstellt, nicht eine Belohnung für die Vollkommenen, sondern ein großzügiges Heilmittel und eine Nahrung für die Schwachen.

MISSIONARE IM ALLTAG

In welcher Weise bewahren wir in der Familie unseren Glauben? Behalten wir ihn für uns, in unserer Familie, wie ein Privateigentum, wie ein Bankkonto, oder verstehen wir, ihn zu teilen durch das Zeugnis, durch Aufnahmebereitschaft, durch die Öffnung gegenüber den anderen? Wir alle wissen, dass die Familien, besonders die jungen, oft in Eile, gleichsam im »Wettlauf« mit der Zeit sind und sehr viel zu tun haben; aber denkt ihr auch manchmal daran, dass dieser »Wettlauf« auch der des Glaubens sein kann? Die christlichen Familien sind missionarische Familien. ... Sie sind Missionare auch im alltäglichen Leben, indem sie ihren Alltagsbeschäftigungen nachgehen und in alles das Salz und den Sauerteig des Glaubens hineingeben! Den Glauben in der Familie bewahren und das Salz und den Sauerteig des Glaubens in die Dinge des Alltags hineingeben!

103

OHNE FURCHT

Jesus beruft dich, Jünger in Mission zu sein! Was sagt uns Jesus? Drei Worte: *Geht – ohne Furcht – um zu dienen.* ... Der Glaube ist eine Flamme, die immer lebendiger wird, je mehr man sie mit anderen teilt und sie weitergibt, damit alle Jesus Christus kennen lernen, lieben und bekennen können – ihn, den Herrn des Lebens und der Geschichte (vgl. *Röm* 10,9).

Aber aufgepasst! Jesus hat nicht gesagt: Wenn ihr wollt, wenn ihr Zeit habt, dann geht, sondern er hat gesagt: »Geht und macht alle Völker zu meinen Jüngern.« Die Glaubenserfahrung zu teilen, den Glauben zu bezeugen, das Evangelium zu verkünden ist ein Auftrag, den der Herr der gesamten Kirche überträgt, auch dir; es ist ein Befehl, der jedoch nicht aus dem Willen zu herrschen, nicht aus dem Willen zur Macht entspringt, sondern aus der Kraft der Liebe. Jesus behandelt uns nicht wie Sklaven sondern wie freie Menschen, wie Freunde, wie Brüder und Schwestern. Und er sendet uns nicht nur, sondern er begleitet uns, ist in dieser Mission der Liebe immer an unserer Seite.

FOLLOW ME

Fürchtet euch niemals, mit Christus großherzig zu sein! Es lohnt sich! Hinausgehen und mit Mut und Großmut aufbrechen, damit jeder Mensch dem Herrn begegnen kann.

KEINE GRENZEN

Wohin sendet Jesus uns? Da gibt es keine Grenzen, keine Beschränkungen: Er sendet uns zu allen. Das Evangelium ist für alle und nicht für einige. Es ist nicht nur für die, die uns näher, aufnahmefähiger, empfänglicher erscheinen. Es ist für alle. Fürchtet euch nicht, hinzugehen und Christus in jedes Milieu hineinzutragen, bis in die existenziellen Randgebiete, auch zu denen, die am fernsten, am gleichgültigsten erscheinen. Der Herr sucht alle, er will, dass alle die Wärme seiner Barmherzigkeit und seiner Liebe spüren.

BITTE WEITERSCHENKEN

Der Glaube ist ein kostbares Geschenk Gottes, der unseren Geist öffnet, damit wir ihn kennen und lieben können. Er möchte mit uns in Verbindung treten, damit wir an seinem Leben teilhaben und unser Leben mehr Bedeutung erhält, besser und schöner wird. Gott liebt uns! Der Glaube erfordert jedoch, dass er angenommen wird, er verlangt also von uns eine persönliche Antwort, den Mut, uns Gott anzuvertrauen, seine Liebe zu leben, aus Dank für seine unendliche Barmherzigkeit. Dies ist zudem ein Geschenk, das nicht einigen wenigen vorbehalten ist, sondern großzügig vergeben wird. Alle sollten die Freude erfahren können, sich von Gott geliebt zu fühlen, die Freude des Heils! Und es ist ein Geschenk, das man nicht für sich selbst behalten kann, sondern mit anderen teilen muss. Wenn wir es nur für uns behalten wollen, dann werden wir zu isolierten, sterilen und kranken Christen. Die Verkündigung des Evangeliums ist Teil der Jüngerschaft Christi und eine fortwährende Aufgabe, die das ganze Leben der Kirche beseelt. »Der missionarische Schwung ist ein klares Zeichen für die Reife einer kirchlichen Gemeinschaft« (Benedikt XVI. Apost. Schr. Verbum Domini, 95).

IM GLAUBEN ERWACHSEN WERDEN

Jede Gemeinschaft ist »erwachsen«, wenn sie sich zum Glauben bekennt, diesen freudig in der Liturgie feiert, die Liebe lebt und das Wort Gottes ohne Unterlass verkündet, indem sie aus der eigenen Abgrenzung heraustritt, um es auch in die »Randgebiete« zu bringen, vor allem unter denjenigen, die noch nicht die Möglichkeit hatten, Christus kennen zu lernen. Das Maß der Festigkeit unseres Glaubens, auf persönlicher und gemeinschaftlicher Ebene, ist auch unsere Fähigkeit, ihn an andere weiterzugeben, ihn zu verbreiten, ihn in der Liebe zu leben und unter allen zu bezeugen, denen wir begegnen und die mit uns den Weg des Lebens teilen.

@pontifex
Wo wir Hass und Dunkel sehen, wollen wir ein wenig Liebe und Hoffnung bringen, um der Gesellschaft ein menschliches Antlitz zu geben.

HINDERNISSE

Oft stößt die Evangelisierungstätigkeit auf Hindernisse nicht nur außerhalb, sondern auch im Innern der kirchlichen Gemeinschaft. Manchmal fehlt es an Begeisterung, Freude, Mut und Hoffnung, wenn es darum geht, die Botschaft Christi allen zu verkünden und den Menschen unserer Zeit zu helfen, ihm zu begegnen; manchmal herrscht noch die Meinung, die Weitergabe der Wahrheit des Evangeliums verstoße gegen die Freiheit. Papst Paul VI. findet diesbezüglich klärende Worte: »Sicherlich wäre es ein Irrtum, irgendetwas, was immer es auch sei, dem Gewissen unserer Brüder aufzunötigen. Diesem Gewissen jedoch die Wahrheit des Evangeliums und den Heilsweg in Jesus Christus in voller Klarheit und in absolutem Respekt vor den freien Entscheidungen, die das Gewissen trifft, vorzulegen ... ist gerade eine Ehrung eben dieser Freiheit« (Apost. Schr. Evangelii nuntiandi, 80).

Date

Wir alle sind auf die Straßen der Welt entsandt, um mit unseren Brüdern und Schwestern zu gehen und unseren Glauben an Christus zu bekennen und zu bezeugen und Verkünder seines Evangeliums zu werden.

Franciscus

BOTEN SEIN

Wir sollten immer den Mut und die Freude verspüren, die Begegnung mit Christus respektvoll vorzuschlagen und Boten seines Evangeliums zu sein. Jesus ist zu uns gekommen, um uns den Weg des Heils zu weisen, und er hat auch uns den Auftrag erteilt, diesen Weg allen bekannt zu machen, bis an die Grenzen der Erde. Oft sehen wir, dass Gewalt, Lüge und Irrtum hervorgehoben und vorgeführt werden. Es ist dringend notwendig, in unserer Zeit das gute Leben des Evangeliums durch die Verkündigung und das Zeugnis aufleuchten zu lassen, und dies aus dem Innern der Kirche selbst. Denn in einer solchen Perspektive ist es wichtig, nie das Grundprinzip jedes Glaubensboten zu vergessen: Man kann Christus nicht ohne die Kirche verkünden. Evangelisieren ist nie ein isoliertes, individuelles, privates Handeln, sondern immer ein kirchliches Handeln.

VERKÜNDIGUNG DER HOFFNUNG

In unserer Zeit haben die weit verbreitete Mobilität und die Leichtigkeit der Kommunikation durch die neuen Medien zu einer Vermischung von Völkern, Wissen und Erfahrungen geführt. Aus Arbeitsgründen ziehen ganze Familien von einem Kontinent in einen anderen; beruflicher und kultureller Austausch, Tourismus und ähnliche Phänomene führen dazu, dass viele Menschen unterwegs sind. Manchmal erweist es sich sogar für die Pfarrgemeinden als schwierig, mit Sicherheit und genau zu wissen, wer nur auf der Durchreise ist oder wer ständig in ihrem Gebiet lebt. Außerdem steigt in immer ausgedehnteren Bereichen traditionell christlicher Regionen die Anzahl derer, die dem Glauben fern sind, der religiösen Dimension

gleichgültig gegenüberstehen oder sich von anderen religiösen Überzeugungen leiten lassen. Außerdem geschieht es nicht selten, dass Getaufte Lebensentscheidungen treffen, die sie vom Glauben entfernen und dazu führen, dass sie einer »neuen Evangelisierung« bedürfen. Dazu kommt, dass auch heute noch ein großer Teil der Menschheit nicht von der Frohbotschaft Christi erreicht wurde.

Wir leben zudem in einer Zeit der Krise, die verschiedene Bereiche des Lebens betrifft, wobei es nicht nur um Wirtschaft, Finanzen, Lebensmittelsicherheit und Umwelt geht, sondern auch um den tiefen Sinn des Lebens und die grundlegenden Werte, die es beseelen. Auch das menschliche Zusammenleben ist geprägt von Spannungen und Konflikten, die zu Unsicherheit führen und es schwer machen, den Weg eines stabilen Friedens zu finden.

In dieser komplexen Situation, wo am Horizont der Gegenwart und der Zukunft bedrohliche Wolken zu ziehen scheinen, ist es noch dringlicher, das Evangelium Christi mutig in alle Bereiche zu tragen, denn es ist eine Verkündigung der Hoffnung, der Aussöhnung, der Gemeinschaft, eine Verkündigung der Nähe Gottes und seiner Barmherzigkeit, seines Heils – die Verkündigung, dass die Kraft der Liebe Gottes in der Lage ist, die Finsternis des Bösen zu besiegen und auf den Weg des Guten zu führen.

> **Geht zu allen Völkern
> und macht
> alle Menschen
> zu meinen Jüngern.**
> **Mt 28,19**

EIN SICHERES LICHT

Der Mensch unserer Zeit braucht ein sicheres Licht, das seinen Weg erleuchtet und das nur die Begegnung mit Christus schenken kann. Bringen wir dieser Welt mit unserem Zeugnis, mit Liebe die Hoffnung, die der Glaube schenkt! Der missionarische Charakter der Kirche ist ... ein Lebenszeugnis, das den Weg erhellt, das Hoffnung und Liebe bringt. Die Kirche – ich wiederhole es noch einmal – ist keine Hilfsorganisation, kein Unternehmen, sondern eine Gemeinschaft von Menschen, die vom Wirken des Heiligen Geistes bewegt sind, die staunend die Begegnung mit Christus erlebt haben und erleben und die den Wunsch haben, diese Erfahrung der tiefen Freude mit anderen zu teilen und die Botschaft des Heils, das der Herr uns geschenkt hat, weiterzugeben. Der Heilige Geist ist es, der die Kirche auf diesem Weg leitet.

DER FISCHZUG DES PETRUS

Als Jesus am Ufer des Sees Gennesaret stand, drängte sich das Volk um ihn und wollte das Wort Gottes hören. Da sah er zwei Boote am Ufer liegen. Die Fischer waren ausgestiegen und wuschen ihre Netze. Jesus stieg in das Boot, das dem Simon gehörte, und bat ihn, ein Stück weit vom Land wegzufahren. Dann setzte er sich und lehrte das Volk vom Boot aus. Als er seine Rede beendet hatte, sagte er zu Simon: Fahr hinaus auf den See! Dort werft eure Netze zum Fang aus! Simon antwortete ihm: Meister, wir haben die ganze Nacht gearbeitet und nichts gefangen. Doch wenn du es sagst, werde ich die Netze auswerfen. Das taten sie, und sie fingen eine so große Menge Fische, dass ihre Netze zu reißen drohten.

Lukas 5,1-6

@pontifex
Herr, lehre uns, aus uns selbst herauszugehen. Lehre uns, auf die Straßen hinauszugehen und allen deine Liebe zu zeigen.

GEBT NIEMALS AUF!

Vom Boot aus spricht Jesus zu den Menschen. Als er fertig ist, sagt er zu Simon, er solle hinausfahren und die Netze auswerfen. Diese Bitte ist eine Prüfung für Simon – hört dieses Wort gut an: eine »Prüfung« –, denn er und die anderen waren gerade zurückgekommen nach einer Nacht, in der sie nichts gefischt hatten. ...

In diesem kritischen Augenblick bringt Petrus sich selbst ins Spiel. ... Er geht mutig aus sich heraus und entscheidet sich, Jesus zu vertrauen. Er sagt: »Nun gut, wenn du es sagst, werde ich die Netze auswerfen.« Aufgepasst! Er sagt nicht: Wenn meine Kraft, meine Berechnung, meine Erfahrung als kundiger Fischer es gestatten, sondern: »wenn du es sagst« – auf das Wort Jesu hin! Und das Ergebnis ist ein unglaublicher Fischfang, die Netze füllen sich so sehr, dass sie fast gerissen wären.

KEINE ILLUSION

Ich will ehrlich sein und euch sagen: Ich komme nicht, um euch eine Illusion zu verkaufen. Ich komme, um zu sagen: Es gibt eine Person, die euch voranbringen kann: Vertraut ihm! Es ist Jesus! Vertraut auf Jesus! Und Jesus ist keine Illusion! Der Herr ist immer bei uns. Er kommt an das Ufer des Meeres unseres Lebens, er ist unserem Scheitern, unserer Schwachheit, unseren Sünden nahe, um sie zu verwandeln.

Hört niemals auf, euch wieder in das Spiel einzubringen, wie gute Sportler, die sich – wie einige von euch aus Erfahrung wissen –, dem anstrengenden Training unterziehen, um Ergebnisse zu erzielen! Die Schwierigkeiten dürfen euch nicht abschrecken, sondern müssen euch anspornen, sie zu überwinden. Hört die Worte Jesu, die an euch gerichtet sind: Fahrt hinaus und werft die Netze aus!

DER MUT FÜR GROSSE ZIELE

Wenn die Bemühungen, bei euren Freunden den Glauben wieder zu erwecken, nutzlos erscheinen, wie die nächtliche Arbeit der Fischer, dann erinnert euch daran, dass sich mit Jesus alles ändert. Das Wort des Herrn hat die Netze gefüllt, und das Wort des Herrn macht die missionarische Tätigkeit der Jünger fruchtbar. Jesus nachzufolgen ist anspruchsvoll, es bedeutet, sich nicht mit kleinen Zielen, mit der kleinen Küstenschifffahrt zufriedenzugeben, sondern mutig hohe Ziele ins Auge zu fassen!

Es ist nicht gut aufzugeben und zu sagen: »Wir haben nichts gefangen.« Vielmehr muss man weitermachen, muss immer wieder unermüdlich »hinausfahren und die Netze auswerfen«! Jesus sagt das immer wieder zu einem jeden von euch. Und er ist es, der die Kraft dazu geben wird!

Quellennachweis

Texte

Seite 6–9: Heilige Messe mit Firmung, Petersplatz, 28. April 2013; 10-15: Eucharistiefeier mit den kirchlichen Bewegungen am Pfingstsonntag, 19. Mai 2013; Begrüßungsfeier mit Jugendlichen, Rio de Janeiro, 25. Juli 2013; Ansprache bei der Begegnung mit den Jugendlichen Umbriens, Assisi, 4. Oktober 2013; 16: Heilige Messe mit Firmung, Petersplatz, 28. April 2013; 18: Begegnung mit Jugendlichen aus Argentinien, 25. Juli 2013; 19: Botschaft zum XXIX. Weltjugendtag 2014; 20/21: Generalaudienz, 2. Oktober 2013; 22–25: Angelus, 15. September 2013; 26/27: Ansprache im Sankt-Franziskus-Hospital in Rio de Janeiro, 24. Juli 2013; 28/29: Botschaft zum XLVII. Weltfriedenstag, 1. Januar 2014; 30/31: Generalaudienz auf dem Petersplatz, 24. April 2013; 32: Heilige Messe am Hochfest der Gottesmutter Maria, 1. Januar 2014; 34/35: Predigt beim Pastoralbesuch in der römischen Pfarrei »San Cirillo Alessandrino«, 1. Dezember 2013; 36/37: Ansprache bei der Vigilfeier mit den Jugendlichen, Rio de Janeiro – Copacabana, 27. Juli 2013; 38–45: Eucharistiefeier am Palmsonntag, 24. März 2013; 46-49: Generalaudienz, 16. Oktober 2013; 50/51: Ansprache beim Kreuzweg mit den Jugendlichen, Rio de Janeiro, 26. Juli 2013; 52/53: Ansprache bei der Begegnung mit den Jugendlichen von Cagliari, 22. September 2013; Ansprache beim Kreuzweg mit den Jugendlichen, Rio de Janeiro, 26. Juli 2013; 54/55: Ansprache beim Kreuzweg mit den Jugendlichen, Rio de Janeiro, 26. Juli 2013; 56–59: Begrüßungsfeier mit Jugendlichen, Rio de Janeiro, 25. Juli 2013; 60: Begegnung mit Jugendlichen aus Argentinien, 25. Juli 2013; 62/63: Homilie bei der Fasten- und Gebetswache für den Frieden, 7. September 2013; 64–67: Predigt beim Besuch der Flüchtlingsinsel Lampedusa, 8. Juli 2013; 68/69: Botschaft zum XLVII. Weltfriedenstag, 1. Januar 2014; 70/71: Generalaudienz, 9. Oktober 2013; 72–75: Ansprache bei der Vigilfeier mit den Jugendlichen, Rio de Janeiro – Copacabana, 27. Juli 2013; 76-79: Ansprache bei der Begegnung mit den Jugendlichen Umbriens, Assisi, 4. Oktober 2013; 80/81: Generalaudienz, 4. September 2013; Apostolisches Schreiben Evangelii Gaudium, 109; 82/83: Ansprache bei der Begegnung mit den Jugendlichen von Cagliari, 22. September 2013; 84: Begegnung mit Jugendlichen aus Argentinien, 25. Juli 2013; Grußwort an eine Jugendpilgergruppe aus der Diözese Piancenza-Bobbio, 28. August 2013; 86/87: Angelus, 15. Dezember 2013; 88/89: Ansprache bei der Begegnung mit den Jugendlichen von Cagliari, 22. September 2013; 90/91: Ansprache im Armenviertel Varginha, Rio de Janeiro, 25. Juli 2013; 92–95: Predigt bei der Eucharistiefeier im Nationalheiligtum Unserer Lieben Frau von Aparecida, 24. Juli 2013; 96: Generalaudienz, 4. September 2013; 98: Ansprache bei der Vigilfeier mit den Jugendlichen, Rio de Janeiro, 27. Juli 2013; Heilige Messe, Rio de Janeiro, 28. Juli 2013; S. 99: Apostolisches Schreiben Evangelii Gaudium, 49; Botschaft zum Weltmissionstag 2013; 100: Apostolisches Schreiben Evangelii Gaudium, 121; 101: Ansprache bei der Begegnung mit den Jugendlichen Umbriens, Assisi, 4. Oktober 2013; 102: Apostolisches Schreiben Evangelii Gau-dium, 47; 103: Heilige Messe zum Tag der Familien, 27. Oktober 2013; 104/105: Heilige Messe, Rio de Janeiro, 28. Juli 2013; Angelus, Rio de Janeiro, 28. Juli 2013; 106–111: Botschaft zum Weltmissionstag 2013; 112-117: Ansprache bei der Begegnung mit den Jugendlichen von Cagliari, 22. September 2013

Bibelzitate: Einheitsübersetzung der Heiligen Schrift, © 1980 Katholische Bibelanstalt Stuttgart

Alle Papsttexte: © Libreria Editrice Vaticana, Città del Vaticano

Fotos

Seite 5: © Dudarev Mikhail / shutterstock; 6: © kesipun / Fotolia; 7: © Stefan Leyk / Fotolia; 8: © DWP / Fotolia; 9: © Diezer / Fotolia, © Irochka / Fotolia; 10/11: © DWP / Fotolia; 12: © Irata / Fotolia; 13: © Dudarev Mikhail / Fotolia; 14: © kosmos111 / Fotolia; © Anna Bausova / Fotolia; 15: © aragami / Fotolia; 16: © Artem Mykhailichenko / Fotolia; 17: © Franck Diapo / Fotolia; 18: © DGA1958 / Fotolia; 19: © desantis / Fotolia; 20: © Photozi / Fotolia; 21: © studali / Fotolia; 22: © Yantra / Fotolia; 23: © Anna-Mari West / shutterstock; 24: © Benjamin Haas / Fotolia; 25: © kesipun / Fotolia; 26: © Photographee.eu / Fotolia; 27: © marcoandino / Fotolia; 28: © drubig-photo / Fotolia; 29: © BEAUTYofLIFE / Fotolia; © duncanandison / Fotolia; 30: © Konstantin Sutyagin / Fotolia; 31: © Pete R. / Fotolia; 32: © Eric Gevaert / Fotolia; © Joachim Neumann / Fotolia; 33: © boscorelli / Fotolia; 34: © gracel21 / Fotolia; 35: © teabum / Fotolia; 36: © YanLev / shutterstock; 37: © Pei Lin / Fotolia; © Joachim Neumann / Fotolia; 38: © picture-alliance / dpa; 39: © KNA-Bild; © Jose Vazquez / Fotolia; 40: © DWP / Fotolia; 41: © KNA-Bild; 42: © KaiBlume / Fotolia; 43: © ChristArt / Fotolia; 44: © KNA-Bild; © Bo Valentino / Fotolia; 45: © KNA-Bild; 47: © picture-alliance / dpa; 48: © Tischenko Irina / shutterstock; 49: © p!xel 66 / Fotolia; 50: © Eugenio Marongiu / Fotolia; 51: © kbuntu / Fotolia; © Frank Jr / Fotolia; 52/53: © boscorelli / Fotolia; 54-56: © picture-alliance / dpa, 55 (Schmetterling): © kernel / Fotolia; 57: © Pavle / Fotolia; © Bo Valentino / Fotolia; 58: © Warren Goldswain / Fotolia; 59: © Strezhnev Pavel / Fotolia; © kernel / Fotolia; 60: © Mandy Godbehear / shutterstock; © duncanandison / Fotolia; 61: © Franck Diapo / Fotolia; 62: © Markus Bormann / Fotolia; 63: © Alex Bramwell / Fotolia; 64: © Bo Valentino / Fotolia; 65: © Apollofoto / shutterstock; 66: © Alex Ivanov / shutterstock; 67: © KNA-Bild; © Joachim Neumann / Fotolia; 68: © Padsaworn / shutterstock; 69: © Rido / Fotolia, 70: © Michael Lorenzet / pixelio (Kirche); © Liddy Hansdottir / Fotolia; 71: © Pavel Losevsky / Fotolia; 72: © Triff / shutterstock; © Doreen Salcher / Fotolia; 74: © Milosz Aniol / shutterstock; 75: © Elenathewise / Fotolia; 76: © GIS / Fotolia; © Roman Pyshchyk / Fotolia; 77: © Syda Productions / Fotolia; 78: © mangostock / Fotolia; 79: © Hans-Jörg Nisch / Fotolia; 80: © mrpuiii / Fotolia; © Frank Jr / Fotolia; 81: © ivan kmit / Fotolia; 82: © Aaron Amat / Fotolia; 83: © Pavel Klimenko / Fotolia; 84: © christianalm / Fotolia; 85: © Tyler Olson / Fotolia; 86: ©

Bildbeschreibungen

S. 38: Jugendliche aus Spanien feiern auf dem Petersplatz zum Palmsonntag, 01.04.2007.

S. 39: XXIII. Weltjugendtag vom 15. bis 20. Juli 2008 in Sydney/Australien: Pilger am 19. Juli 2008 musizieren auf dem Weg zur Vigil mit Papst Benedikt XVI.

S. 41: Jugendliche halten Kerzen in den Händen beim Taizé-Gebetstreffen am 25. November 2000 in Frankfurt.

S. 44: Im Rahmen der Palmsonntagsliturgie tragen Jugendliche aus Deutschland am 9. April 2006 das Weltjugendtagskreuz und die Marien-Ikone auf den Petersplatz, um sie an Jugendliche aus Australien zu übergeben.

S. 45: Das Weltjugendtagskreuz startet seinen Pilgerweg der Versöhnung durch Deutschland. Beim Auftaktgottesdienst am 4. April 2004 in der Johannesbasilika Berlin-Kreuzberg halten Gottesdienstbesucher Palmzweige in den Händen.

S. 47: Beim XX. Weltjugendtag in Köln 16. bis 21. August 2005.

S. 54: Beim XX. Weltjugendtag in Köln: Lioba und Alina warten am 18. August 2005 vor dem Kölner Dom auf Papst Benedikt XVI.

S. 55: Deutschlandbesuch von Papst Benedikt XVI. im September 2006: Gläubige tragen am Sonntag (10.09.2006) zu einer Messe mit Papst Benedikt XVI. auf dem Münchner Messegelände ein Kreuz.

S. 56: Junge Christen aus Paderborn und Magdeburg zeigen sich am Dienstag (26.10.2004) mit dem vom Papst gestifteten Weltjugendtagskreuz samt einer dazugehörigen Ikone auf dem Gelände der Gedenkstätte Deutsche Teilung in Marienborn (Bördekreis). Aus Anlass des Weltjugendtags 2005 in Köln ist es durch verschiedene Bistümer unterwegs.

S. 70: Die Hundertwasserkirche in Bärnbach in der Steiermark war ursprünglich eine sehr schlichte Kirche. Sie wurde in den 1987 bis 1989 nach den Plänen von Friedensreich Hundertwasser umgestaltet.

S. 90: Am 28. August 2013 machten italienische Jugendliche, die eine Pilgerreise nach Rom unternahmen, mit Papst Franziskus ein Handy-Selbstporträt, ein »Selfie«.

S. 96: Beim Weltjugendtag 2008.

S. 98: Bei der Generalaudienz am 18. September 2013 auf dem Petersplatz.

S. 102: Beim XX. Weltjugendtag in Köln am 17. August 2005: Eine Jugendliche kniet betend vor einem Kreuz.

S. 108: Beim XXIII. Weltjugendtag 2008 in Australien: Jugendliche am Eingang der St. Mary's Kathedrale am 14. Juli 2008 in Sydney.

S. 111: Beim Taizé-Gebetstreffen am 25. November 2000 in Frankfurt.

Bibliografische Informationen der Deutschen Nationalbibliothek
Die Deutsche Nationalbibliothek verzeichnet diese Publikation
in der Deutschen Nationalbibliografie; detaillierte bibliografische
Daten sind im Internet über http://dnb.d-nb.de abrufbar.

Besuchen Sie uns im Internet:
www.st-benno.de

Gern informieren wir Sie unverbindlich und aktuell
auch in unserem Newsletter zum Verlagsprogramm,
zu Neuerscheinungen und Aktionen. Einfach anmelden
unter www.st-benno.de.

ISBN 978-3-7462-3999-6

© St. Benno-Verlag GmbH, Leipzig
Umschlag: Ulrike Vetter, Leipzig
Gesamtherstellung: Sabine Ufer, Leipzig (A)